JN055393

東日本大震災

陸前高田 五百羅漢の記録

—こころは出口をさがしていた—

監　修

佐藤　文子

小田部　黃太

若麻績　敏隆

熊谷　光洋

星和書店

2018年8月18日満願法要

毎年行われている地蔵盆

I

五百羅漢制作
「未来への記憶」プロジェクト
概　要

姫林檎図　堀江　孝

五百羅漢像制作・震災後の グリーフケアとしての芸術療法

心理学博士（米国），アートセラピスト（米国）

佐藤 文子

五百羅漢像制作プロジェクトでは、羅漢像の制作を通して「犠牲者への鎮魂と祈り」と「制作者の心の癒し」を実現しようとしました。それは芸術療法により震災後のグリーフケアを行うというプロジェクトでした。グリーフ（grief）の意味は「悲しみ・悲嘆」です。特に死別の悲しみを指しています。次に、ケア（care）は「面倒を看る、世話をする」ですが、心のケアの場合は、「丁寧に気遣い助ける」という意味を含んでいます。このプロジェクトは、"羅漢像という彫刻の造形美を目的に造り出す"ということだけではなく、親族や親しい友人を亡くされた被災者の方々の心と身体に寄り添うグリーフケアを芸術療法を用いて行うことが目的でした。そして、地域の文化的背景になじんだグリーフケアという点にも重きを置きました。災害後の現場やその地域の方々に受け入れやすいプロジェクトであることが大切であると考えたからです。この章では、芸術療法の紹介と、グリーフケアとしての芸術療法の概念を述べ、併せて制作中で特に大切なこと、材料の石について、文化的背景、儀式（瞑想や開眼法要）の効用、グリーフケアとしての芸術療法の効果と結果などについて考察を交えて述べます。

芸術療法（アートセラピー）について

芸術療法は、絵画・コラージュ・粘土などを使った造形や音楽、ダンス、ドラマなども含めた心理療法の総称です。悲しみや苦しみなどを抱えた人、発達や行動に問題を抱えている人、患者さんなど、概ねほとんどの対象者に行える心理療法です。私が生活をしていた米国西海岸では、病院の精神科・デイケア・末期医療の緩和ケア病棟・高齢者施設・障がい者施設・児童生徒のカウンセリングや教育現場・災害後の被災者ケア・刑務所・薬物依存更生施設や、犯罪被害者や加害者などにも実施されています。当事者のみならず、家族や、医療スタッフなどにも行われ、幅広い対象者に行える療法として用いられています。芸術療法は、創作活動（アート）がカウンセリングに加わることで、カウンセリングの効果を上げることが期待できます。創作すること自体が癒やし（セラピー）にもなり、創作することを通して、言語化が難しい内的世界を発露することができます。

芸術療法の特色を簡略に説明すると以下のようになります。

1. 創造的な作業によって言語化が難しい心の内を見つめ、発露することができる

2. 素材（画材・材料・楽器・ダンス・パフォーマンス等）を媒体として言葉にならない想いを表現できる

3. 創作作業に集中することで無心となり、気持ちの整理をすることができる（「無心となり」は故人への悔いを一瞬でも忘れる時間も必要で、その時間が自己の心の整理につながる。無になると言うのが禅の世界では最高の心のあり方です）

4. 創作（制作・演奏等）を体験することが癒しになる
5. 創造的な作業を通して楽しみや希望や達成感を得る
6. 評価や完成度などを求めず、思いのままの表現を大切にする
7. 自分の内面の感情や思いのうち、今まで気がつかなかったこと、封印をした自分の感情を創作の過程で見つめ、確認することができる
8. 創作を通して未来へ希望を持つことができる

震災後のグリーフケアとしての芸術療法

　東日本大震災の場合、予期せぬ死別経験をした方々を対象にグリーフケアを行うには、前節で述べた理由から芸術療法を用いたケアが効果的であると考えました。震災後、被災した多くの方々は、予期せぬ死別体験をされていました。そして、「自分だけが悲しいのではないから我慢をしなくてはいけない」というように、自分の感情に封印をし、身の安全や生活の変化に適応することで精一杯でした。昼間はなんとか頑張れても、夜、仮設住宅で一人になるとどうしようもない気持ちに押しつぶされそうになり苦しむ方々、家族を助けることができなかったと、生き残った自分を責めたてていた方々もいました。多くの方々は、自分では抱えきれない怒りや悲しみを感じていました。しかし、そのような気持ちをきちんと見つめたり、話せたりする機会がなかったように見えました。心の健康を保つには、そのような言葉にならない気持ちを話し、整理する機会を設けてあげることが必要でした。

　芸術療法は、このような言葉にならない心の内を、創作という方法で発露し、想いを昇華することができます。特に、グリーフケアの芸術療法を効果的に行うときには、参加者にとって心理的に安心できる環境を整えることに留意し配慮しました。例えば、創作や表現することを無理強いしないことや、セラピストが参加者の作品には極力手を加えないことなどが前提になります。なぜなら、作品は参加者の心がそのまま表現されたものだからです。今回の五百羅漢像制作には、彫刻家に講師として制作の補助をしていただきました。講師の方々は、「創作や表現することを無理強いしない」「参加者の作品には極力手を加えない」、この2点を特に留意していただきました。"震災後のグリーフケアとしての芸術療法"を行うにあたり、悲嘆や鎮魂を願い祈り、想いや悲しみを発露して昇華できるような、より効果的な「素材選び」「参加しやすいテーマ」の適切な設定を判断しました。

制作中で大切なこと

　参加者が創作している間は、参加者が自分自身を見つめ（内省）、自分と語り合い（自己との対話）、時には無心になり、気持ちや考えを整理するための重要な時間です。アートセラピストは、その間、話しかけず、参加者の創作中の時間に静かに寄り添います。芸術療法は、美術指導と異なり、作品の良し悪しの評価はしません。作品は参加者の心がそのまま現れているものとして、デリケートに取り扱います。創作後、セラピストは参加者と創作中のプロセスを聞き、カウンセリングをします。参加者は自分の苦しみなどの感情を外に出し形にしたことで、自分の気持ちを客観的に俯瞰できるようになります。達成感や表現する喜びも体感でき、生きる希望を与えることにもつながります。五百羅漢像制作中は講師から声をかけたり手を入れて形を変えたりせずに、必要があれば最小限の制作の手助

けをするということに配慮しました。

材料選び

芸術療法にとって「材料選び」はとても重要です。材料は参加者の想いを助け表現しやすいものでなければなりません。芸術療法が概ねどんな方々にも有効な取り組みとなるためには、アートセラピストが参加者の状況や状態に合わせて、適切な道具や材料を前もって厳選する必要があります。例えば自由度の高い材料（水彩絵の具等）の扱いを苦手と感じる人には、幾何形態の形に切ってある紙を用意し、それらを用いての表現や、雑誌の切り抜きで作るコラージュの準備をします。力のコントロールがつけにくい人には色鉛筆よりクレヨンを選びます。白い紙を見て恐怖を抱く参加者であれば、紙の上に枠を描くこともあります。このように参加者が安心して表現できるような素材選びはとても重要です。

例えば、アートが得意でないと気後れしているような参加者の中には、「美術（音楽・ダンス）のセンスが自分にはない」「美術（音楽）の成績が悪かった」等の経験がある方もいます。そういう方にはアートセラピーを無理強いせず会話のセラピーをします。セラピストは、参加者の不安やプレッシャーやストレスを聞きながらセラピーの方法や材料を考えてあげることもあります。アートセラピーは「何かを制作すること」だけではなく、考えを整理し、視覚化するためにペンや紙を使う等という説明も必要です。セラピストは、参加者に適した材料を選んであげられるように豊富な材料をそろえておく環境を整えておくことも大切です。セラピストはセッション中、参加者の表現に手を入れてサポートするのではなく、表現しやすいように道具の使い方をサポートします。

以前、米国に避難してきたアフリカ難民の小学生とのセッションで、その子が「学校の友達はみんなゲームを持っているけれど自分の家はゲームを買うお金がないから家で遊ぶものがなくてつまらない」と泣き顔で話しました。そこで私は「ゲームは自分で作れるのよ」と話をしながら、捨ててあった段ボールでボードスロットマシーンを一緒に作りました。その子は夢中で作り上げました。ゲームだけが遊ぶ方法ではない。無いことを嘆くのではなくて、他の方法で楽しめるということと、作り上げた達成感を経験できました。段ボールのおもちゃを抱きかかえ、胸を張り満足して帰りました。この事例の場合は、すぐ手に入る安価で身近で、小学生でも扱える材料を選ぶことが重要でした。大事なことは、参加者がプレッシャーやストレスを感じないで表現しやすい材料を選ぶことです。

なぜ石なのか

私は、震災で家族を亡くした方々の苦しみを聴くうちに、皆さんの気持ちを誰にも邪魔されずに、誰にも気を遣わずに、一人静かに発露できる機会を設けてあげたいと考えるようになりました。そして、直感的に「石をたたかせてあげたい」、石をたたきながら我慢していた気持ちを吐き出す機会を設けてあげたい。思いっきり石をたたきながら「この悲しみや不条理や怒りをぶつけさせてあげたい」「祈りと鎮魂と慰霊の気持ちを石に打ち付けてほしい」と思いました。

皆さんはサンドバックを叩きたくなるような気持ちになった時があるでしょうか。サンドバックはそれなりに硬いのですが、たたいた後揺れて、たたいた力が逃げてしまいます。

その点、石は、強いトラウマ体験がある人々にとって悲しみや怒りをぶつけるのに適した素材といえます。石は硬く芯があり、彫る時に抵抗があり、強い悲しみや怒りを打ち込め、それ

を受け止め吸収してくれる力があるからです。参加者の方々の深い想いは石が受け止めてくれると考えました。

石について

石は地球創生と密接な関わりがあり組成されます。種類によって硬さや特徴が異なるので、初心者にも彫りやすい石を選ばなくてはなりません。彫刻家の岩崎幸之助さんは五百羅漢像制作の最初のメンバーとして賛同してくださり、石の選別や手配を引き受けてくれました。私たちは、初心者でも苦にならず楽に彫れる柔らかい石。それでもある程度の硬さがあり、思いっきり石頭（ハンマー）とノミ（タガネ）で、打っても耐えられる石。500年ぐらいは形が残る石。そんな石を探しました。

何日もかけていろいろな石で試し彫りをしました。何種類かの石を購入したり、地元、陸前高田の海辺から石を探したり、近隣の地域住民の山岳信仰や海上安全、大漁祈願の信仰対象となっている室根山産の石も取り寄せました。例えば、大谷石は柔らかくて初心者には扱いやすい石ですが、水で溶けやすいので経年で形が崩れてしまう。大理石はカルシウムの塊なので酸性雨の影響を受け少しずつ溶け出してしまう。御影石は硬くて彫りにくく、紫外線に弱いため、御影石の組成の中に入っている雲母が紫外線の影響を受け、表面が荒れてきてしまいます。安山岩である小松石は粘りが強くて形が作りにくいという特徴があります。その結果、坑火石という新島産の石を使うことに決めました。初心者にも彫りやすく、風化しにくい石です。ガラス質なので紫外線や酸性雨などの自然の影響を受けにくく、500年ぐらいは石の形が崩れにくいので、五百羅漢像は永らく東日本大震災を後世に伝えていくでしょう。

文化的背景を考える

石を使うことを決めた後に、陸前高田の文化的背景を考慮した芸術療法を行うには何をテーマとするのが良いかと考えました。例えば、仏教やイスラム教の信者さんにはクリスマスカードを作るようなテーマはそぐわないかもしれません。文化的背景を取り入れ意味づけしないと参加者が抵抗を感じ、参加しにくく、気持ちが入らないことがあります。岩手県の文化的背景を考慮すれば、仏教的なテーマで、祈る気持ちを込められる "お地蔵さん" "仏像" "五百羅漢像" の制作が適していると思いました。

そこで、岩手県の歴史を調べたところ、盛岡と遠野に、飢饉や災害後に造られた五百羅漢がありました。盛岡市報恩寺には1731年（享保16年）から1734年（享保19年）の4年間に京都の仏師9人によって4年がかりで作られた五百羅漢があります。遠野市には、天明3年（1765年）に、江戸時代の天明の大飢饉の餓死者の供養のために大慈寺山中の自然石に線彫りの500体の羅漢像があることがわかりました。私は、盛岡と遠野にある五百羅漢像を造営した先人の知恵を拝借し陸前高田に新たな祈りの五百羅漢像を造ろう、そして陸前高田に五百羅漢像が出来上がれば、内陸から海までの連続した「祈りの道」ができるだろう、沿岸を通って陸前高田の内陸にも「祈りの道」は続くだろうとも考えました。五百羅漢は、釈迦入滅後の第1回の経典結集、および第4回結集のときに集まったという500人の聖者だそうです。日本では飢饉や震災後に被災者への供養として造られていた経緯があります。

瞑想と開眼法要

陸前高田市にある普門寺は開山500年を迎えた曹洞宗の名刹です。陸前高田には氷上山という金山があり、それを統制する役目を担ってい

たとの記録があります。昔から陸前高田の人々の心の拠り所として永く親しまれているお寺です。30代目の住職の熊谷光洋さんの賛同を得て、普門寺で開催することになりました。

禅寺ということを鑑み、あらゆる観念にとらわれず、坐して身体とこころ（心と身体の統一を）、さらに呼吸を調えるための「瞑想」を取り入れたいと考えました。被災者の方々は、震災後息つく暇もなく目まぐるしい変化の中で日々を過ごしていました。住職は参加者に瞑想を指導してくださることを快諾してくださいました。

仏像は仏師が制作した後、僧侶が「魂いれ」「開眼法要」をします。開眼法要の儀式をすることで仏像になると言われています。住職は「開眼法要」の重要性を説き営んでくださいました。五百羅漢像の「開眼法要」とは、石の像を羅漢にするための儀式です。宗教的には「魂いれ」などの意味がありますが、心理的な作用効果として「開眼法要」は参加者自身の顧みる作業（儀式）になりました。自分の分身の石像への想いや気持ち（制作物）が、石仏（羅漢）になることで、自分との心理的距離ができます。それは、自分自身の気持ちも客観的に俯瞰できるという効果がありました。つまり、「私の造った石像は私のもの」という気持ちから、開眼法要を経て「石像は、自分のものではなく、広く人々のために羅漢になった」、そしてさらに「自分の心と羅漢との明確な距離も形成できて、悲しみや想いの関係も同じように浄化されて、俯瞰した距離をおくことができた」という気持ちへと変容するための儀式になりました。羅漢像制作によって、犠牲になられた方々の無念の魂が浄土へと旅立つというような象徴的な儀式でした。

五百羅漢像制作・震災後のグリーフケアとしての芸術療法の効果

震災後のグリーフケアとしての芸術療法である五百羅漢像制作の実際の効果を、「芸術療法（アートセラピー）について」の"芸術療法の特色"に照らし合わせてまとめました。その効果はプロジェクトに参加して羅漢像の制作に参加された方とお話をしたり、交流したりした中でも感じましたが、出版にあたり手記を寄せていただいた方々の文章に現れた率直な感想から、その効果は一層明快になったと確信しています。

この本の手記の中から効果の検証をしました。

手記を寄せてくださった方々の内訳は次のようです。羅漢像を制作してくださった方々（家族や友人を亡くした参加者・被災地に心を寄せてくださった一般参加者・現場ボランティア講師の方々・五百羅漢像制作プロジェクト運営メンバー）と、羅漢像制作には参加しなかったけれど、五百羅漢像制作プロジェクトに心を寄せて協力してくださった方々（宗教者・医師・アーティスト・支援をしてくださった方々）です。ここでは羅漢像制作に参加してくださった方々の感想を拾い上げ、先に書いた芸術療法の特色1〜8に沿って整理してみました。【芸術療法の特色1〜8】と〈五百羅漢像制作・震災後のグリーフケアとしての芸術療法の効果〉として、1〜8の各々の感想を引用して、掲載ページを示しました。

1. 【創造的な作業によって言語化が難しい心の内を見つめ、発露することができる】
〈石を彫る時間内で自己対話が生まれ、それにより自分の気持ちを発露できた〉
（家族や知人を亡くした制作参加者：本書44頁。制作現場ボランティアアーティスト：82頁。五百

羅漢像制作プロジェクト運営メンバー：104 頁）

・この羅漢のプロジェクトがなければ、どうやって私たちはあの苦しみを乗り越えられたのか解りません。〔家族や知人を亡くした制作参加者：菅原由紀枝（44 頁）〕

・手を動かしながらこうしてセルフダイアログができるのは、様々なアートセラピーに共通の効用である。そして、硬い石には悲しみや怒り、強い想いを存分にぶつけることができる。〔五百羅漢像制作プロジェクト運営メンバー・新宮古都美（104 頁）〕

菅原さんは震災後、ご家族が亡くなられた悲しみや後悔の気持ちを抱えながら、目まぐるしい環境の変化に対応し適応することで精一杯だったことと思います。生活するためにしなければならないこと（転居、生活準備、生活環境への適応、役所の手続き、仕事の継続、仕事で関わる方々への配慮等）を羅漢像制作中はひと時横に置いて、自分の気持ちに向き合うだけの時間を持つことができたのだろうと思います。自分が抱えている悲しみを石にぶつけ、石の中に出てきた形に亡くなった家族への想いを投影できた時間だったと思います。このようなひと時を持つことによって菅原さんは苦しみを乗り越えられたと感じてくださいました。新宮さんは臨床心理士です。心のケアを専門としている方なので、アートセラピーを実際に体験することで素材としての石の意味やその効用を再確認されたのだと思います。苦しんでいる人が心を開いて思いをぶつける対象に、自分たち心理士だけでなくアートなどの媒体もあるということを確認できたのだと思います。

2.【素材（画材・材料・楽器・ダンス・パフォーマンス等）を媒体として言葉にならない想いを表現できる】

〈抵抗感のある石（素材）を媒体として、言語化が難しい悲しみや怒りの感情を石にぶつけ発露（表現）することができた〉

（家族や知人を亡くした制作参加者：本書 45, 46 頁。被災地に心を寄せてくださった一般参加者：65, 67, 68-69 頁。制作現場ボランティアアーティスト：80-81, 94-95, 101 頁。五百羅漢像制作プロジェクト運営メンバー：104-105, 120-121 頁）

・ずぶ濡れのような気持ちが少し澄んだ。〔家族や知人を亡くした制作参加者：岡本啓子（45 頁）〕

・石を砕く音が心に響き、しだいに気持ちが澄んでいった。〔家族や知人を亡くした制作参加者：柴田典（46 頁）〕

・石彫によって心の傷が癒されていくのだと感じた。〔制作現場ボランティアアーティスト：井上博樹（80-81 頁）〕

岡本さんは大切な親友を亡くされ、その方を想って羅漢像を制作されました。出口がなかった心の苦しみを、汗と涙を流しながら石を叩いたことで発露できたのでしょう。羅漢像が出来上がる頃には、抱えていた気持ちが楽になり落ち着いたのだと思います。柴田さんは、石を打つリズムや振動が心と体に響き、それによって癒されました。石を打つ時には体に振動が伝わります。石を打つ音も体に響きます。振動や音は心にも伝わり、柴田さんの奥底の気持ちを受け止めてくれました。石の力・素材の力です。井上さんは九州から学生を連れて参加してくださった、美術大学の教員です。石彫をされたのは五百羅漢像制作が初めてだったかもしれません。石の持つパワーや有効性を感じたようです。ご自身も石彫を通して心の変化があったのでしょう。

3.【創作作業に集中することで無心となり、気持ちの整理をすることができる。（「無心となり」は故人への悔いを一瞬でも忘

れる時間も必要で、その時間が自己の心の整理につながる】

〈創作作業に集中することで無心になることができ気持ちの整理ができた〉

（家族や知人を亡くした制作参加者：本書45, 48-49, 52 頁。被災地に心を寄せてくださった一般参加者：58 頁、五百羅漢像制作プロジェクト運営メンバー：106-107 頁）

・ただただ無心になって石を打ち続けました。（中略）普門寺を訪れて五百羅漢に癒されてほしいと思います。〔家族や知人を亡くした制作参加者：阿部裕美（48-49 頁）〕

・無心に石を彫るのは貴重な時間でした。三体完成のころは自分でも不思議なくらい気持ちが前向きになっていました。〔家族や知人を亡くした制作参加者：坂口幸嘉子（52 頁）〕

・羅漢像作成中はほぼ無心に鎮魂を願う事が出来ました。〔被災地に心を寄せてくださった一般参加者：田畑潔（58 頁）〕

・汗を流しながらしゃがみ込んで無言で石を叩く。こみ上げてくる言葉に表せない怒りや悲しみを込めて腕を振り下ろせば、弾けて砕ける石と共に心が浄化されていくようだった。〔五百羅漢像制作プロジェクト運営メンバー：佐藤祐子（106-107 頁）〕

　阿部さんはご両親を津波で亡くされました。阿部さんは震災後、ご両親の死に向き合う時間がなく過ごされていたのでしょう。1 回目の羅漢像制作の時には、父親のことだけを想って彫り、2 回目は母親のことだけを想って彫ったそうです。ご両親のことだけを想い続ける時間が無心の時間だったようです。そして、将来、普門寺を訪れた人が震災で亡くなった方々の命を考えてくださるようにと、制作後には未来のことも考えられるようになりました。坂口さんの誰にも表せない心が、清々しい気持ちになるには羅漢像を 3 体も制作するだけの長い時間が必

要でした。田畑さんは高田病院の院長先生です。被災地に心を寄せ、皆のために全力を尽くしてくださる田畑先生の心の奥にはいつも犠牲者への鎮魂の想いがあり、先生自身も被災者の方々の痛みを間近に感じていたのだと思います。先生の祈りの気持ちが無心に制作する姿に現れていたと思います。佐藤祐子はプロジェクトメンバーでした。横浜から陸前高田に小学校の支援員として引っ越して、高田高校仮設で 2 年半暮らしました。被災された方々と一緒に生活し、想いを聴き、災害の脅威と不条理を感じていました。石に打ち込む作業に集中することで、そのような気持ちの整理ができたのだと思います。

4. **【創作（制作・演奏等）を体験することが癒しになる】**

〈創作を体験することが癒しになった〉

（被災地に心を寄せてくださった一般参加者：60-61, 65, 68 頁。制作現場ボランティアアーティスト：63 頁）

・石に向かっていると気持ちが落ち着いた。〔被災地に心を寄せてくださった一般参加者：手塚哲（60-61 頁）〕

・今思うと、他者の供養のためだけでなく、自分自身を癒すために彫っていた気がする。〔被災地に心を寄せてくださった一般参加者：川原玲子（68 頁）〕

　手塚さんは千葉県から奥様と友人たちと毎年羅漢像制作に参加してくださいました。手塚さんは被災地のために何かしたい、という思いで陸前高田に通ってこられました。被災者の苦しみに共感する思いや、誰かのために役に立ちたいという気持ち、自分は本当に役に立っているのだろうか、という気持ちを羅漢像を制作することで確認し、落ち着くことができたのだと思います。川原さんは高田病院の看護師長さんでした。被災者のために様々な援助をなさる中

で、ご自身の無力感を味わい、災害の不条理を体感されたと思います。直接被災をしていなくても現場で働く方への心のケアは必要です。川原さんは羅漢像制作を通し、犠牲者の供養とご自身の心のバランスを整えることができたのだと思います。

5. 【創造的な作業を通して楽しみや希望や達成感を得る】

〈プログラム（瞑想・制作・制作過程を顧みる作業：セレモニー）の経験を通して、出来事を客観的に俯瞰できるようになった。達成感や未来のことを考えられるようになった〉

（家族や知人を亡くした制作参加者：54-55, 56, 118-119 頁。制作現場ボランティアアーティスト：80-81, 124-125 頁）

・五百羅漢の存在により未曽有の出来事をいつまでも忘れないでいられること。〔家族や知人を亡くした制作参加者：鵜浦美知子（54-55 頁）〕

・震災で大切な人を失った悲しさを癒すことはもちろん、お墓とはまた違う、そこに亡くなった方の新たな魂が蘇るような不思議な感覚を感じることができ、悲しさよりもなぜかホッとするような安心感を与えてくれました。〔家族や知人を亡くした制作参加者：戸羽太 （118-119 頁）〕

鵜浦さんは羅漢がこれからの人々の指針になっていくだろうと気持ちを託されました。陸前高田市長の戸羽さんも参加してくださいました。陸前高田の祈りの場としてこれからも大切な場になるだろうと感じました。

6. 【評価や完成度などを求めず、思いのままの表現を大切にする】

〈評価や完成度などを求めず、思いのままの表現を大切にできた〉

（家族や知人を亡くした制作参加者：45, 46, 48-49, 54 頁）

・「どんな羅漢さまでもいいんだよ。」「どんな姿でも、亡くなった人の供養になるよ。横になっている羅漢さまだっているくらいだから、好きな姿でいいんだよ。」〔家族や知人を亡くした制作参加者：岡本啓子（45 頁）〕

・完成した羅漢像はまったくの不出来だったけれど、友人は父親の顔に似ているよ！と慰めてくれた。〔家族や知人を亡くした参加者：柴田典（46 頁）〕

・ようやく出来上がった時、はっと驚き、同時に涙がこみ上げてきました。そこには、遺体安置所で見た、苦しい表情をした最後の父の顔が浮かび上がっていたのです。〔家族や知人を亡くした制作参加者：阿部裕美（48-49 頁）〕

・（故人）にどんどん似てくるような気がしてならなかった。〔家族や知人を亡くした制作参加者：鵜浦美知子（54 頁）〕

岡本さんは、初めて石を彫ることに最初は不安な気持ちがあったのかもしれません。しかし、どんな羅漢でも良いのだと後押しされ、その不安は消えました。うまく作る必要がないとわかり、亡くなった方への想いを素直に石に打ち込むことができました。柴田さんは羅漢を彫っているときに犠牲になった父親のことを考えたのでしょう。出来上がった羅漢が父親に似ていると言われ、羅漢を彫った意味を確認できたのです。阿部さんは羅漢を彫っている間父親の死を見つめる時間が持てました。安置所で見た父親の苦しそうな顔を彫り出し、講師の先生にお願いをして口角を上げて微笑んでいる顔に造りあげたと書いてありました。父親の無念の気持ちを石で表した後に、懐かしい父親の面影をそこに見いだすことができました。阿部さんご自身の心も楽になったと思います。鵜浦さん

が制作された羅漢像は鵜浦さんの気持ちが表れた羅漢の表情になりました。どの方も羅漢像を制作することを通して故人の死と向き合うことができ、その心が形に現れる体験をしたようです。

7. 【自分の内面の感情や思いのうち、今まで気がつかなかったこと、封印をした自分の感情を創作の過程で見つめ、確認することができる】

〈石を彫ることを通して自分でも気が付かなかった気持ちに気づき、見つめることができた〉

（家族や知人を亡くした制作参加者：45, 52, 53, 56頁。被災地に心を寄せてくださった一般参加者：60-61, 65頁。制作現場ボランティアアーティスト：82-83頁）

- 羅漢さまを夢中で彫り上げた後、少しすっきりした。とんちゃんのために何かできた気がしたし、自分のためでもあったのだと感じる。〔家族や知人を亡くした制作参加者：岡本啓子（45頁）〕
- 三体完成の頃は自分でも不思議なくらい気持ちが前向きになっていました。〔家族や知人を亡くした制作参加者：坂口幸嘉子（52頁）〕

岡本さんは、震災後長い間、とんちゃんに何かをしなくては、何ができるのだろう、と考えて過ごされていたのだと思います。自分の悲しみやご友人への想いを石を彫ることで確認できたのだと思います。坂口さんが三体の羅漢像を制作する時間の流れの中で、以前は自分の奥底の気持ちや見つめることのできなかったという気持ちに、向き合うことができたのでしょう。

8. 【創作を通して未来へ希望を持つことができる】

〈同じ痛みを持った参加者との交流や羅漢像制作を通して気持ちを分かち合い未来へ希望を持つことができた〉

（家族や知人を亡くした制作参加者：40-41, 42-43, 44, 50-51, 52, 56, 118-119頁。被災地に心を寄せてくださった一般参加者：58, 60-61, 63-64, 66頁。制作現場ボランティアアーティスト：76-77, 79, 80-81, 89, 90-91, 92-93, 96-97, 98-99, 101, 124頁。五百羅漢像制作プロジェクト運営メンバー：104-105, 108-109, 120-121頁）

- 私たち夫婦には「普門寺五百羅漢が並ぶ境内」が亡き娘を偲び、娘を感じることのできるとても大切な空間となりました。〔家族や知人を亡くした制作参加者：毛利奉信・みどり（40-41頁）〕
- 参加された皆様との出会いによって、両親の娘を失った悲しさを癒してくれたことにとても感謝しております。〔家族や知人を亡くした制作参加者：毛利宣裕（42-43頁）〕
- 夕暮れに形となったときに、和尚さんによって祈りと魂が入れられます。その頃には、亡くなられたみんなが今もまた、ここに集い一緒にいてくれるのだ、という清々しい気持ちになります。みんなのことを、忘れない。この感覚を味わいたくて、毎年参加させていただきました。〔家族や知人を亡くした制作参加者：菅原由紀枝（44頁）〕
- 五百羅漢制作にかかわったすべての方々に感謝の気持ちでいっぱいです。〔家族や知人を亡くした制作参加者：坂口幸嘉子（52頁）〕
- このプロジェクトのおかげで多くの人と出会い、いろいろな話もさせていただいた。そして、改めて今生きていることに感謝し、自分の生を全うしたいと強く感じた。〔被災地に心を寄せてくださった一般制作参加者：五味渕一彦（59頁）〕
- 人と人の繋がりに驚き、そして感謝し、私たちは一層の友情を深めることができた。

〔被災地に心を寄せてくださった一般制作参加者：大隅香織（63-64頁）〕
・石を彫るという活動だけでなく、たくさんの人とのつながりを感じさせてくれた。〔制作現場ボランティアアーティスト：尾形満歳（79頁）〕
・話が弾み、笑顔になれた。〔制作現場ボランティアアーティスト：井上博樹（80-81頁）〕
・黙々と石を打つ作業は個人プレーなのだけれど、今ここにいる人たちはみんな震災のことを思い出しているのだろうと思うと、まるで輪の中にいるような気持ちになった。暑くて汗が止まらないのに、不思議と心地よかった。〔五百羅漢像制作プロジェクト運営メンバー：新宮古都美（104-105頁）〕

毛利さんご夫妻は羅漢像制作を通して参加者と交流し、五百羅漢像が心の拠り所としての場になっていきました。毛利さんの御子息（宣裕さん）は、参加者との交流がご両親や自身の心の支えになったと感じました。菅原さんは、悲しみを乗り越えるには仲間との交流が大切だと感じました。一人ではどうしようもない気持ちを仲間が支えてくれて、その仲間のいる空間で過ごせたことが尊い時間だったと述べています。坂口さんは、羅漢像制作後には悲しみの気持ちから、周りの方々への感謝の気持ちに変容しています。五味渕さんは、毎年羅漢像制作に参加してくださいました。制作を通して仲間と交流し、ご自身の生き方を見つめることができ、新たな気持ちを確認することができました。大隅さんは東京から仲間と参加してくださいました。被災地を想い、犠牲者を追悼する気持ちを仲間と分かち合ったことで、関係が深くなりました。尾形さんは九州から参加してくださった美術の先生です。羅漢像制作を通した多くの方との触れ合いが尾形さん自身の心の成長になりました。井上さんは、最初は悲しい気持ちでしたが、皆と一緒に汗を流す時を過ごすことで、心が通い合ったと感じました。新宮さんは、参加者と同じ思いの中で制作するという環境で、一人の想いが全体の想いの中に包まれる安心感や一体感を経験しました。

以上のような感想が手記の中に述べられており、芸術療法を通してのグリーフケアとして行われたプロジェクトが参加者にとって人々の心を受け止める存在になったと考えられました。

五百羅漢像制作プロジェクトを顧みたまとめ

本プロジェクトの実施期間は2013年から5年間で、569体の羅漢像を建立することができました。羅漢像制作に参加してくださった方々は約500人でした。参加者の内訳は、家族や友人を亡くした方、被災した方、全国各地から被災地に心を寄せられた方、医師、看護師、心理士、芸術家の方々です。その他制作には参加していませんが様々な方法で支援をしてくださった方々がいらっしゃいました。本書のために、そのうち56人から手記を寄せていただきました。その中から、羅漢像制作に参加した41名を2グループに分けました。①家族や知人を亡くした制作参加者11名、②羅漢像制作参加者30名（被災地に心を寄せてくださった一般制作参加者・制作現場ボランティアアーティスト・五百羅漢像制作プロジェクト運営メンバー）。この①②グループの解答を8つの仮説に沿って分類しました（表1）。

両グループとも「8. 同じ痛みを持った参加者との交流や創造的な作業を通して気持ちを分かち合い未来へ希望を持つことができた」ことについて感想を書いた者が60％以上でした。次いで家族や知人を亡くした制作参加者の感想で多かったのが「7. 石を彫ることを通して

表1　震災後のグリーフケアとしての芸術療法の効果

震災後のグリーフケアとしての 芸術療法の効果	家族や知人を亡くした 制作参加者（11 名）	羅漢像制作参加者 （30 名）
1．石を彫る時間に自己対話がうまれ、それにより自分の気持ちの発露ができた。	1 人（9.0%）	2 人（6.7%）
2．抵抗感のある石（素材）を媒体として、心の中にある言語化が難しい悲しみや怒りを石にぶつけ発露（表現）することができた。	2 人（18.1%）	8 人（26.7%）
3．創作作業に集中することで無心になることができ気持ちの整理ができた。	3 人（27.3%）	2 人（6.7%）
4．創作を体験することが癒しになった。	1 人（9.0%）	4 人（13.3%）
5．プログラム（瞑想・制作・制作過程を顧みる作業：セレモニー）の経験を通して、出来事を客観的に俯瞰できるようになる。達成感や未来のことを考えられるようになった。	3 人（27.3%）	2 人（6.7%）
6．評価や完成度などを求めず、思いのままの表現を大切にできた。	4 人（36.4%）	0 人
7．石を彫ることを通して自分でも気が付かなかった気持ちがみつかり心の整理を促した。	4 人（36.4%）	3 人（10%）
8．同じ痛みを持った参加者との交流や創造的な作業を通して気持ちを分かち合い未来へ希望を持つことができた。	7 人（63.66%）	20 人（66.67%）

自分でも気が付かなかった気持ちがみつかり心の整理を促した」と「6．評価や完成度などを求めず、思いのままの表現を大切にできた」で、36.4% でした。次に「3．創作作業に集中することで気持ちの整理を促した」と「5．プログラム（瞑想・制作・制作過程を顧みる作業：セレモニー）の経験を通して、出来事を客観的に俯瞰できるようになる。達成感や未来のことを考えられるようになった」が27.3% でした。羅漢像制作参加者では、2 番目に多かったのが、「2．抵抗感のある石（素材）を媒体として、心の中にある言語化が難しい悲しみや怒りを石にぶつけ発露（表現）することができた」という感想で 26.7% でした。両グループ間の差が大きかったのが、「6．評価や完成度などを求めず、思いのままの表現を大切にできた」いう項目で、家族や知人を亡くした制作参加者は 36.4%、支援者は 0% でした。特に、家族や知人を亡くした制作参加者は、「6．評価や完成

度などを求めず、思いのままの表現を大切にできた」「7．石を彫ることを通して自分でも気が付かなかった気持ちがみつかり心の整理を促した」「8．同じ痛みを持った参加者との交流や創造的な作業を通して気持ちを分かち合い未来へ希望を持つことができた」の感想が多く書かれていました。

　五百羅漢像制作は、制作を通して「犠牲者への鎮魂と祈り」と「制作者の心の癒し」を目的とし参加者の心の健康を保つためのプロジェクトでした。結果の考察は本書に寄せられた手記のみであるため偏りがありますが、手記の内容から結果をみると、もっとも効果のあった「8．同じ痛みを持った参加者との交流や創造的な作業を通して気持ちを分かち合い未来へ希望を持つことができた」が、今回の五百羅漢像制作・震災後のグリーフケアとしての芸術療法の最大の成果でした。被災地の人々が、大切な人や思い出を失った絶望的な気持ちを、少しでも前向

きにシフトでき新たに生きる気持ちのスタートになったのではないでしょうか。

私は心理学者として「私たちの心はいつも出口を探している」あるいは「私たちの心はいつも出口が必要だ」と思っています。どんな苦しいことでも、うれしいことでも誰かに聞いて受け止めてもらえば、悲しみは少し軽減され、喜びは増します。震災で家族を亡くした方々や、家を亡くした方々は周りの人々も同じような経験をしているので、なかなか「私は悲しい」「私は辛い」と言えないものです。私は、家族関係はモビールのようなものだと考えています。モビールはなんとかバランスをとっており、家族も様々な問題を抱えながらバランスを保っています（あるいはバランスを保とうと頑張っています）。家族の関係のバランスが崩れそうになると、それを補うために他の家族がバランスを取ろうとします。例えば、家族の中で祖父が病気で亡くなりそうになれば、祖父が亡くなったあとの準備をし始めます。長男は家長になり、家族や仕事の差配や家長の役割を徐々に移行し始めます。祖父が亡くなった時には周りのコミュニティーや親戚が祖父の家族を支える役目を担います。このようにして家族は問題に直面した時にも家族としてのバランスを保とうとします。しかし、事故などで突然家族が亡くなった場合は、家族のバランスは一瞬で崩れてしまいます。モビールの一つのピースが一瞬で無くなり、バランスが取れず傾いてしまう様子を想像すると、家族のバランスが崩れた状態を想像できるでしょう。こういう状況では、崩れたバランスを急いで何かで補って修復しなければなりません。例えば、周りのコミュニティーや親戚がしばらく亡くなった人の代わりとして支えになることがあります。しかし、震災は家族のバランスが崩れた状態が地域全体で起こります。亡くなった人の代わりとして支えてくれる

親戚や地域のサポートが全く得られない状況になります。震災後の陸前高田の状況はこのようでした。今まで地域でともに暮らし、支え、支えられてきた関係が全く得られない。泣き言も弱音も話せない。バランスの崩れた家族の状況で、家族だけでなんとか歯を食いしばって生きていかなければなりませんでした。家族もそれぞれが傷ついている中で、家族だけの支えしかない状況は苦しかっただろうと思いました。

そういう姿を見て、私は心理学者として「私ができることは何か？」と考えました。「亡くなった犠牲者に対する陸前高田の方々の想いの出口を作ってあげたい」と考えました。そして、悲しく苦しい気持ちの出口になるように石を打たせる五百羅漢像制作を思い付きました。加えて、いずれ五百羅漢像が完成すれば、陸前高田の観光名所にもなるとも考えました。それは地域の発展にもなるのではないだろうか、とも考えました。

芸術療法により震災後のグリーフケアを行うというプロジェクトは、結果として参加者が仲間になり、仲間同士を心の支えとし、悲しみや思いを分かち合うことができ、将来を考えられるようになり、心と身体に寄り添うグリーフケアとしての芸術療法を用いて、行うことができたのではないかと思います。何よりも私は、人の真心や優しさが、お互いの心を支え、世の中の流れを変えていく姿を見せていただくことができました。普門寺の羅漢像は、亡くなった家族と再会できるような場になりました。そして、羅漢像は後世の人たちのために人々の心に語りかけ「震災の記憶を語り継ぐ」という新しい役目を担い、石が崩れるまで心の道しるべとなり、人々や地域を支えていくでしょう。

最後になりましたが、五百羅漢像は皆様方のご協力無くしては出来上がりませんでした。現

場で参加してくださった方々や、プロジェクト
の運営や本の出版のための御寄付や、様々な形
で支えてくださった多くの方々に、深く感謝を
お伝えしたいと思います。そして、今、この本
を手に取って読んでくださっているあなたに感
謝を申し上げます。そして、星になった大切な
方々の命に「あなた方のおかげでいろいろなこ
とを学ばせていただきました。本当にありがと
うございます。あなた方の人生は尊くかけがい
のない何物にも代えられないものでした」と、
心を込めて祈りたいと思います。

　なお、この本の印税は諸経費をのぞいてすべ
て陸前高田市に寄付いたします。陸前高田のこ
れからの復興を心からお祈り申し上げます。

Ⅱ
普門寺五百羅漢
写　真

林檎図　　堀江　孝

第221世東大寺別当（現・東大寺長老）
筒井寛昭師の揮毫

第221世東大寺別当（現・東大寺長老）
筒井寛昭師の揮毫

黒御影石の石碑

　第221世東大寺別当（現・東大寺長老）筒井寛昭師に御揮毫いただいた書のひとつを、彫刻家の小淵俊夫氏が手彫りでインド黒御影石に刻みました。

　石は彫刻家の吉村サカオ氏が石碑の形に整えて寄贈してくださいました。墨のにじみも彫り込まれています。

コンサート・満願法要・制作の様子・アートセラピー講義

目　次
. . . .

III
宗派を超えた祈り

陸前高田のりんご　永山裕子

東日本大震災への想い

華厳宗管長・第223世東大寺別当
狹川 普文

平成23年3月11日

それは、奈良時代に創始された「修二会行法（通称お水取り／2月20日〜3月15日）」の1260回目のお水取り当夜の前日でした。

当時の北河原公敬管長（第220世東大寺別当）は、3月12日の大松明が二月堂に上がる直前に、自らマイクを握られ、多くの参詣の人々に、東日本大震災で亡くなられた方達の慰霊と、行方不明者の早期発見、そして被災者の皆さんの心の痛みを共有することを呼びかけられました。

宗務長であった私は、東北の皆さんの迷惑にならないよう、夏頃の現地入りをめざして、奈良市と友好都市である多賀城市や、個人的に親交のある福島県いわき市の水産会社の社長さんを通じて、東北各地の魚市場の組合長さんを紹介してもらいながら、慰霊と復興を祈らせて戴く場所を決めてゆきました。

合同の祈り

そうした中、鎌倉期東大寺復興の時からご縁のある、鎌倉の鶴岡八幡宮の吉田宮司様から提案があり、東日本大震災で亡くなられた方々の慰霊と被災地復興を共に祈る『合同の祈り』

を、被災地の復興が成し遂げられるまで、共に手を携えて祈り続けて行くことが、平成23年5月20日に北河原管長、吉田宮司連名で記者発表されました。

最初の年は、奈良と鎌倉で2回。次の年からは1年交替で行うことになりました。平成29年からは東北で行うこととし、最初は福島県郡山市の郡山女子大学、平成30年は5月19日に宮城県松島町の瑞巌寺、9月29日には岩手県陸前高田市に平成29年末完成した「夢アリーナたかた」において『合同の祈り』を営みました。令和元年は福島県の南相馬で開催しました。

普門寺参詣

私が最初に普門寺さんに参詣した時、身元不明のご遺骨三百体を預かっておられることに感動し、また籔内先生が関わっておられたことにも感銘を受けました。

籔内先生は、平成14年に厳修した「大仏開眼1250年慶讃大法要」の慶讃行事として大きな展覧会を開催して下さり、さらには昭和30年から障害を持ったこども達の療育を運営している「東大寺福祉療育病院」に、こども達を見守るマスコット「天坊くん」を寄贈されました。現在、東京愛宕の青松寺さんをお借りして東大寺講座を続けているのは籔内先生のおかげでもあります。知らない所で不思議なご縁がつながってゆきます。

神仏のご加護

熊谷師が本書で述べられているように、大震災の後、不思議な仏縁が重なり、寺が行うべき役割を再認識されておりますが、まさにその通りで、ひとりひとりが実行できる力と役割は小さなものであっても、我等が祈ることにより、東北各地を護持されている神仏の慈愛が益々輝きを増し、命ある者全てを育み、速やかに東日本の人々の日々の営みを取り戻すための力を賜りますよう祈り続けたいと思います。

そういう意味でも、1300年前から神仏習合という枠組みで、神職と僧侶が共に手を携えて祈り続けてきた奈良の伝統を、さらにひろげてゆきたいという想いで一杯です。

五百羅漢のちから

普門寺さんにおける五百羅漢造像の企画は、単に石を彫刻してゆくというだけでなく、さまざまな仏縁がつながり、ご遺族の方はもちろんのこと、五百羅漢造像の趣旨に賛同される多くの方々の気持ちがさらに増幅されているようです。

平成29年夏、ブータン王国の女王陛下の招待を受けて、60人の巡拝団の団長としてブータン王国を訪ねましたが、あの有名なタクツァン僧院のお坊さま達も、毎日東日本大震災で亡くなられた人々の慰霊を祈っておられました。

日本に住む私達も、日夜忘れず祈り続けてゆきたいと想っています。

五百羅漢と親子地蔵の祈り

善光寺白蓮坊住職
若麻績 敏隆

羅漢とは、お釈迦さまのお弟子たちのなかでも、阿羅漢果という、修行の階梯の最高位に到達した聖者をいいます。最高位の修行者と言うと、何か、高邁すぎてとっつきにくい感じがしますが、日本で羅漢が表現されるときには、色白で美しい「女顔」をもつ菩薩に比べて、大抵、眉が長かったり、髭のそり跡が生々しかったりする、やや高齢で骨張った、色黒の、人間くさい「男顔」で表現されるのが通例です。この表現様式は、中国から伝わったものですが、平安時代に描かれた高野山の「応徳涅槃図」を見ると、涅槃に入られたお釈迦さまのまわりに集まった方々の中で、菩薩たちが悲嘆の表情など全く示さずに静かに佇んでいるのに対し、羅漢たちは、激しく号泣し、打ちひしがれる姿で描かれています。その後の涅槃図の中には、お釈迦さまの従者で、美男子ゆえに色白の「女顔」に表現されることが多い阿難尊者が、あまりの悲しさに卒倒した姿で描かれているものもあります。時代を遡った奈良時代の法隆寺五重塔初層に安置される、涅槃の場面をかたどった仏像群（涅槃像土）でも、淡々とお釈迦さまの死を受け入れる菩薩たちの前面で、羅漢たちは、嗚咽が聞こえてきそうなほどのリアクションで悲しみを表しています。

涅槃図において、さとりから退くことのない境地、つまり不退転の境地を得ているはずの羅漢たちが、お釈迦さまの死に際して、菩薩と対照的な激しく動揺した姿で描かれるのは、一つには、大乗仏教では、羅漢の境地を、菩薩の境地より低い境地と考えるからなのですが、このような羅漢の姿を見ていますと、私たちと同じような人間的感情を露わにするその姿に、むし

ろ、何ともいえぬ親しみさえ感じます。

震災の津波が東北地方の沿岸を襲った平成23年3月11日、未曾有の大災害によって故郷を破壊され、親しき人たちを失った方々は、涅槃図の羅漢たちのように号泣し、呆然と立ち尽くし、気を失うほどの悲しみに打ちのめされたことでしょう。私には、涅槃図に描かれた人間くさい羅漢は、「人間とはそういうものなのだよ、どんなに修行を積んでも、そうなのだよ、それでいいのだよ。」と語ってくれているように思えるのです。

普門寺参道の左右に安置されているおびただしい数の羅漢さんの姿を拝していると、合掌して微笑んでいたり、子どもを抱いてあやしていたり、マイク片手に歌っていたりと、思い思いの姿で和やかにたたずむ姿に、自ずと笑みがこぼれてしまいます。そこからは、涅槃図から聞こえてきた嗚咽も号泣も聞こえてきません。穏やかな祈りのオーラがあたりをつつみ、あちこちから楽しい語らいが聞こえてきそうです。しかし、この羅漢さんたちは皆、あの日の大きな悲しみを、その穏やかな表情の奥にそっとしまってこの場に集っているのです。だからこそ、この賑々しくも静やかな集いは、私たちの心を打つのでしょう。

とてつもなく大きな苦しみや悲しみに遭遇したとき、私たち凡人は、その苦悩をたちどころに消し去る妙薬など持ち合わせてはいません。苦しみや悲しみをかかえたままで、ひたすら木

や石に向かい、仏の像を刻み、羅漢の像を刻むときに、その行為そのものが自ずと祈りとなって、苦しみの彼岸の世界が顕現するのでしょう。そのことを、参道の左右に並ぶおびただしい数の羅漢さんたちは教えてくれています。

実は、普門寺様には、私たち善光寺で奉納した三体の親子地蔵尊も祀られています。ここで、少しこのお地蔵さんのことも記しておきたいと思います。このお地蔵さんの造立は、陸前高田市で村上製材所を営んでおられる村上富夫さんの、津波で瓦礫となった高田松原の松材を意味のある形で活用し、後世に伝えたいという願いに応えたものでした。村上さんには、地震で亡くなられた方々と共に、数百年にわたって陸前高田を護り、そこで暮らす人に憩いを与えてきた高田松原の松たちをもまた成仏させて欲しいという、地元の方ならではの思いがあったのでしょう。村上さんの願いを受けて、善光寺では、親子の姿の地蔵を造立することが決定されました。親子での地蔵の造立は、震災で親御さんを亡くされたり、お子さんを亡くされた方々が、亡くなったお身内をその像に投影できるようにと願ってのことでした。

地蔵の制作には、東京藝術大学保存修復彫刻研究室（籔内佐斗司教授）があたってくださることとなり、震災翌年の1月4日には、「陸前高田お地蔵制作に協力する会」（熊谷光人会長）が呼びかけた多くの地元の皆さんによって、鑿入れが行われました。当初、この像は、陸前高田市への寄贈を考えていましたが、市として仏像を受け入れることは困難と言うことで、市内で最も多くの身元不明のご遺骨を安置されていた普門寺様に奉納することになりました。熊谷光洋住職は、私どもの思いを受けとめて下さり、親子地蔵の受入を快くお認め下さったばかりか、境内地への新たな地蔵堂の建立をもお認め下さいました。

鑿入れ式の後、高田松原の松は、籔内先生のご指導の下、藝大の皆さんの手によって、親地蔵二体、子地蔵二体の合計四体のお地蔵さんに生まれ変わり、震災一周忌の前日には善光寺に運ばれて開眼法要が営まれました。

籔内先生たちに抱かれて運ばれた白い梱包が解かれ、津波によっていのちを奪われた松の木が、穏やかなお地蔵さんのお姿になって現れたとき、私は、思わずこみ上げるものを抑えながら、このお像は、肉親を亡くされた皆さんの心をきっと癒やしてくれるに違いない、と確信しました。現在、普門寺様には、本堂裏手に地蔵堂が建立されて、お母さん地蔵と子地蔵二体が安置されています。お父さん地蔵は善光寺境内に安置されて、年に一度、7月の後半には里帰りして普門寺様で地蔵盆が営まれています。

親子地蔵さんは、震災後二年目に被災地の復幸支縁を願って東京の回向院様で行われた「善光寺出開帳両国回向院」にもお出ましになり、その祈りの浄財は普門寺様を通じて未来への記憶プロジェクトにも寄付されました。

東日本大震災という大きな苦難に直面して、私たちは、人間の無力さを思い知らされました。しかし、それとともに、困難に対して皆で手を携えて立ち上がることの尊さと喜びも学びました。震災後、普門寺様は、人々が祈り、交流し、発信する拠点となり、様々な支援活動、アートを通じた心の交流が、人々の新しい繋がりを生み出しました。そうした活動を通じて普門寺様にあつまった五百羅漢さん、親子地蔵さんをはじめとする数々の祈りの結晶は、これからも被災した方たちの心を支え、後世まで、震災の記憶とともに、苦難を乗り越えて懸命に生きた人々の思いを伝えていくことでしょう。

『東日本大震災　陸前高田 五百羅漢の記録 ―こころは出口をさがしていた―』の発刊に寄せて

山形県　少林寺住職
鈴木 祐孝

　今般『東日本大震災　陸前高田 五百羅漢の記録―こころは出口をさがしていた―』を上梓するというお話を9月23日、お彼岸の中日に檀家の佐藤文子さんにお聞きしました。文子さんは心理学者でありアートセラピストでもあります。

　2012年1月、文子さんと息子さんの有佐君（ゆうすけ）が大雪の降る日にお墓参りに訪れました。これから陸前高田市に緊急支援カウンセラーとして向かうということでした。引っ越しの荷物を車の中にたくさん積んでおりました。陸前高田市には身寄りの方が誰もいないということでしたので、私の友人である普門寺の熊谷光洋住職を頼って行くようにと言づけました。それ以来、今日まで、その活動を陰に陽に支えていることをお聞きしておりました。曹洞宗宗務庁刊『禅の風』（2018年7月20日）にも、普門寺の五百羅漢について記されております。

　文子さんは「五百羅漢」を彫ることは、犠牲者の方々、遺族の方々に供養と癒しを与えると考えました。参加者の方々が思いを込めて一体一体作られた羅漢が569体になり、震災が発生して7年、7回忌の法要の年に、その願いが5年をかけて見事に円成されたことも知らせてくれました。まことにありがたいことです。

　羅漢さまは、一切の煩悩を断じ、なすべきことを完成した人、または無学とも訳され、ともに応ずることができることなどでも訳されてお

ります。羅漢さまは、十六羅漢、五百羅漢等、数が頭に冠され、古来から、インドで中国でも、日本でも多くの信仰を得てまいりました。おのれの生末と過ごし方を常に信仰という基いの中で、人間が営む生活の一つ一つに教えを垂れ、ということになると思います。

　文子さんのように心理学という立場に立った活動と、普門寺の熊谷光洋住職の活動が相俟って、五百羅漢像の完成に結びついたことは仏縁としか言いようがありません。

　多くの方々が、震災の犠牲者の供養として、地蔵さまの建立や慰霊の塔建立等の活動をされています。私たちもそれぞれのところに思いを託し、今できることをさらに継続し、犠牲者と遺族の方々にご供養と癒しの温気を日常生活に取り入れ、歩みを進めていくことが大切であると思います。

　このほど『東日本大震災　陸前高田 五百羅漢の記録―こころは出口をさがしていた―』が上梓されましたことは誠に意味深くありがたいことと重ねて申し上げ一言発刊に寄せての言葉といたします。

IV
天まで届け「あなたをわすれない」
羅漢さんに託した思い

陸前高田のりんご　永山裕子

制作中の様子

「五百羅漢」制作に参加した訳

北海道恵庭市

毛利 奉信・みどり

あの大震災からもう七年の歳月が過ぎてしまいました。いや未だ七年、と言うべきなのかも知れません。

震災発生五日後、娘を探し出したい一心でガソリンと食料品を車に積んで、陸前高田市に向かいました。しかし凄まじい光景を目の当たりにして、手掛かりは何も得られず虚しい気持ちでフェリーに乗り北海道に戻るしかありませんでした。

こんな虚しい捜索を続けて四度目の六月、陸前高田市のあるお寺が「震災百か日法要」を営むことをネット検索で見つけました。それが「普門寺」でした。

本堂の右半分には、白い布に包まれた家族を待つ遺骨が四百体近くも手厚く安置されていて、とても驚きました。この中に我が娘がいないかと一つ一つに合掌し探しましたが、そこにはいませんでした。

しかし、行方不明者にも同じように供養をされているご住職ご夫妻を知って、この普門寺が亡き娘と彼女の教え子たちの冥福を祈る場と思うようになりました。

震災三回忌を過ぎた秋、高齢の両親を連れて普門寺を訪れました。春には何もなく一面苔が生えていた駐車場下の境内には、数十個の石が散在しているのに気が付きました。近くに寄ってよく見ると、その表情がなんとも私たちの気持ちを慰めてくれる石像で、それが羅漢像とは知らずに眺めていました。

四回目の震災法要の折、「五百羅漢」制作に参加しませんかと、佐藤文子先生にお誘いをいただき、ご住職ご夫妻にもご案内をいただきました。早速、「この夏には息子と三人で参加します」と返事をして帰りました。

最初の年（私たち参加の）、息子は観音様を、家内は合掌する小坊さんを、私は娘の大好きだった「アンパンマン」を削るつもりで普門寺境内に行きました。

行ってみると、テントの中では真剣に石を削る学生さん達、種々の思いを持ち黙々と作業する参加の皆さん達、そして熱心なご指導の先生方、こんな真面目に羅漢像を制作している中ではとても「アンパンマン」を作る雰囲気ではないと感じ、仕方なく家内の石像を一緒に削ることにしました。

最終日午後には、ご住職の「制作像魂入れ」が行われ、今年の羅漢様制作が終りました。でも、何となく不消化な思いが残っていました。帰り際、思い切って佐藤文子先生に石を持ち帰ることの許しをもらい、自宅に戻って北海道の孫と「アンパンマン」を削りました。

二年目は家内と二人で参加、二体の羅漢様を制作、またも一個の石を車に積んで持ち帰ってきました。今度も幼いころ娘が大好きだった「うさこちゃん」を自宅で作ろうと思ったからです。

三年目も家内と二人だけの参加でしたが、お地蔵さん一体を制作しました。参加が三度目ともなると、気持ちに余裕が出来たのか、石彫りに向き合うよりも学生さんに話しかけ、作業を

している仲間の皆さんとの会話が楽しくなり、多くのお友達との貴重な繋がりが出来ました。

　四年目は横浜から孫と息子も参加、思い出深い「五百羅漢」制作最終回となりました。中一の孫は合掌する像を作り、震災を考えるいい機会になりました。この三日間の創作は、孫にとって素晴らしい夏休み体験になったと思います。

　私たち家族はこれまでに合わせて九体の羅漢様を作り境内に並べました。この日、夕刻開催された完成記念コンサートと完成記念会には、みんなで事業を成し遂げた心地よさを感じながら、楽しく参加させてもらいました。

　私たちは岩手に来る度ごとに、失った娘を感じることのできる「心の拠り所」のような場があればと願っておりました。震災で悲しく辛い思いをした私たちは、悲しみをこらえながらも、温かく包み込んでくれる場や時や物や人や……を無意識のうちに求めていたと思います。

私たちには、これを満たしてくれたのが普門寺であり、五百羅漢完成に要した五年の時間と石を削る作業であり、そこで出会った多くの皆さん方であることが、改めて分かった感じがしています。

　このような訳で、私たち夫婦には「**普門寺五百羅漢が並ぶ境内**」が亡き娘を偲び、娘を感じることのできるとても大切な空間となりました。

　こんな凄い空間づくりに誘って下さった佐藤文子先生、ご住職ご夫妻、ご指導いただいた彫刻家の先生方、そして暑い中、制作に参加された多くの皆さんに心から感謝とお礼を申し上げます。もうこれで羅漢様制作は終わってしまいましたが、何かの理由をつけて、またあの境内でお会いしたいものと思っています。

　普門寺境内でお会いした全ての皆さま、本当に有難うございました。

変わるものと変わらないもの

神奈川県横浜市
毛利 宣裕

2011年3月12日、北海道の実家とようやく電話がつながると、母親の泣き叫ぶ声が聞こえてきました。陸前高田で高校の教師をしていた妹の消息が取れなかったのです。親の近くで生活できなかったことを最大限に悔やんだ瞬間でした。

急遽会社の休みを取り北海道経由で陸前高田市に行ったのは、それから5日後の3月17日、妹を探すべく、両親とまだ主要道路の一部しか通っていないがれきの中を歩きました。

初めて行く陸前高田市はまるで、戦争映画のセットの中を歩いていると錯覚しそうなほど非日常な世界で、一瞬にして探し出すのは不可能と悟り、自分の無力さとやりきれない気持ちで帰ってきました。

帰宅して、インターネットで時折映る立派な普門寺が、ボランティア活動の拠点となっていて、身元不明者のご遺骨を預かっていることを知り、宗派が違うにもかかわらず卒吠忌法要から参加させていただきました。高台にある普門寺に伺うと、数百年変わらない陸前高田の街の日常があるような気がして心が休まり、行くたびに必ず寄らせていただく場所となりました。

時は経ち、2017年夏、五百羅漢製作最終年に、私は2回目ですが、中学1年の長男を連れ

て参加しました。両親は3年連続で参加しました。就職して以来毎年、年2回北海道に帰省していましたが、ここ1年ほど、息子の部活や様々な生活環境変化の影響で、しばらく孫の顔を両親に見せていませんでした。

息子は元々モノづくりが好きで、いろいろ工作なども積極的にやっていましたが、スマホを与えてから、一切そういう物に興味を示さなくなり、放っておくとゲームとSNSを一日中やっている状態でした。震災当時は幼稚園の年長組で、卒吠忌法要にも出席しましたが、ただ、横浜の自宅が凄く揺れて、原発の影響で自宅にトラック一台分の大量の水を購入した記憶以外ほとんどありませんでした。そこで、東北キャンプに託けてやらせてみよう！ということで羅漢製作に参加させていただきました。

前回私は、みなさんと同じように石の表情に合わせて羅漢様を彫ろうと思っていたのですが、ついついいつもの仕事と同じで図面通り、3Dデータ通りに限られた時間内で終わるよ

うに作らなくては
と言う癖が出てし
まい、左右対称に
きっちり作って石
と格闘してしまい
ましたので、今回
は息子が石を決め
るまで作る形状も
決めず彫り始めました。

　息子も「難しかったけど、楽しかった！」と言う通り、一心に製作している姿は、幼いころいろいろモノづくりに集中した時と同じで懐かしく、両親と数日一緒に過ごせ、前回より少し石の表情を残せた記念に残る羅漢様も作ることができました。

　私自身モノを作っているときはいつも集中して無心なので、五百羅漢が完成して参道に設置され、和尚様に魂をいれていただいた時に初めて達成感と、この羅漢様がこの新しく生まれ変わろうとしている陸前高田の街にどう馴染んでいくのか、妹はどう思っているのだろう？と色々思いを馳せていました。

　この普門寺さんと五百羅漢製作プロジェクトを主催してくださった方々、参加された皆様との出会いによって、両親の娘を失った悲しさを癒してくれたことにとても感謝しております。

　特に外国人とさえ絶対にハグなんかしないであろう、超堅物の父が佐藤文子先生と別れ際に毎回ハグする光景は私たち家族にとって革命以外の何物でもありません！　これが、最大の成果だと思っています。皆様どうもありがとうございました。

五百羅漢のおかげ

岩手県陸前高田市
菅原　由紀枝

　私たち一家、いとこ、叔母と、参加させていただきました。

　両親をはじめ親戚も20名以上、近所、友人など数えきれない人々を失いました。

　その事実に向き会う場所と時間が、この羅漢さまの制作でした。避難所や仮設住宅では、日常に流され続けていました。盆前のムシムシ暑さの中で、石に向き合いました。金槌で、手を何度も打ちつけながら、飛んでくる破片をゴーグルで避けて彫り続けました。長袖、首にはタオルを巻いて、コンコンとのみを打ち、汗が噴き出てきました。何も考えず、ただただ無言。一打ち一打ち想いを形にしてゆきました。

　形が悪いときは、先生にご指導をお願いします。右手が疲れて、しびれても、終わりが見えません。果てしなく、途方に暮れていると、和尚さんの奥様からアイスの差し入れ。ご褒美をいただきます。あと少し、あと少し。最後はやすりで形を整えます。崩れた石片が残ります。

　夕暮れに形となったときに、和尚さんによって祈りと魂が入れられます。その頃には、亡くなられたみんなが今もまた、ここに集い一緒にいてくれるのだ、という清々しい気持ちになります。みんなのことを、忘れない。この感覚を味わいたくて、毎年参加させていただきました。

　今も羅漢を造った時を思い出し、羅漢さんのおかげで、震災後の自分たちの来た道を立ち止まり、振り返り、また進むことへの確信ができています。企画、実行して下さり、ありがとうございました。たくさんの救いをいただきました。この羅漢のプロジェクトがなければどうやって私たちはあの苦しみを乗り越えられたのか解りません。

　あの時、彫られた羅漢さんたちが、もう苔むしています。まさしく時は過ぎていき、記憶となっていきます。でも、私たちは歩みを止めてないということを実感しています。

私のらかんさま

岡本　啓子

「どんな羅漢さまでもいいんだよ。」「どんな姿でも、亡くなった人の供養になるよ。横になっている羅漢さまだっているくらいだから、好きな姿でいいんだよ。」東日本大震災犠牲者追悼五百羅漢制作プロジェクトの指導の彫刻の先生は言った。それなら……と、羅漢さまの姿はすぐ思い浮かんだ。

私が羅漢さまに彫りたいのは中学からの親友の「とんちゃん」。長い年月助け合って生きてきた。とんちゃんは和食店をしていたので、私は会いたくなると、午後休みか、夜お店を閉めてから訪ねて行った。とんちゃんとコーヒーを飲みながらおしゃべりするのが何よりの心の安らぎだった。そのとんちゃんの姿を映したかったのだ。

彫刻の先生に話すとうなずかれ、制作が始まった。彫りやすいような柔らかい石を選び大体の下書きをチョークで石に入れる。彫り始めてみると、やわらかいので私でもサクサク彫れた。先生が時々アドバイスをくれる。印象的だったのは、私が目を造ろうとした時だった。「目は穴に彫っちゃだめだよ。ガイコツみたいになるから。」「ふっくらと、盛り上げて。」私は二次元的に目を穴に彫るつもりだったのだ。よかった‼ コーヒーカップを持って、丸顔で細目で笑う記憶のままのとんちゃん羅漢ができ上った。

あの日、避難途中で行き会い「また後でね」と、右と左に分かれてそれきりになった。

仮設市役所の災害対策本部に安否不明者の名前が並び、どんどん増えていく。

その中にとんちゃんとその家族の名前、お世話になった人の名前がずらっと並んでいるのに涙も出ない。

その後、私は、内陸に避難したが、一人でいると泣けてきた。

高田に戻って、仮設で暮らしたが、震災後の街の壊滅と生活の変化で、ずっと大変だった。毎日「とんちゃんがいたら……」と思った。

羅漢さまを夢中で彫り上げた後、少しすっきりした。

とんちゃんのために何かできた気がしたし、自分のためでもあったのだと感じる。

被災してぐちゃぐちゃでずぶ濡れのような気持ちが、少し澄んだような感じだった。

次の機会があったら、とんちゃんの家族、流された街の人たち、流されてしまった私の猫や動物たちのためにまた彫りたいと思っている。ありがとうございました。

五百羅漢像に祈りをこめて

柴田　典

　先日久しぶりに普門寺を訪ねてみた。杉の木に囲まれた参道を歩いて行った先に五百羅漢像が並んでおり、その中に自分が彫った羅漢像も並んでいる。確か杉の木の根元に置いたはずだなぁと思いながら周辺を探してみると、ちゃんとその場所に置いてあった。羅漢像に付着した苔と緑色に変色した石が時間の経過を感じさせる。

　2年前、友人に誘われ初めて五百羅漢像の制作に参加した。未だ帰らない父親に向けて言葉に出せなかった5年間の思いと、プレハブの仮設住宅で父の帰りをずっと待っていた母親、嫁いでいった姉、遠くにいる弟達の思いが届くよう、心の中で何度も繰り返しながら無心に羅漢像を彫り続けた。参加した皆がそれぞれいろいろな思いを抱きながら羅漢像を彫っていた。石を砕く音が心に響き、しだいに気持ちが澄んでいく。8月の暑さと雨で湿気は高く、テントの中で長時間座りながらの作業は思ったより大変

だったが、気づけばあっと言う間だった。完成した羅漢像はまったくの不出来だったけれど、友人は父親の顔に似ているよ！と慰めてくれた。

　あれから2年。父親の帰りと家の再建を励みにがんばってきた母親が旅立ってしまい、現在、自分の家の再建を引き継いでいる。羅漢像の父親に向かい無事に家が完成するように、そして残された自分らを守ってほしいとお願いした。羅漢像の苔は父親の深い皺のようで表情も穏やかに見えてくる。2年前より今のほうが親しみと慈しみを感じている、自分の気持ちが届いているのだろうか。きっと父親のことだから母親と些細なことで喧嘩しながら、2人で見守ってくれているに違いない。

　3.11からの7年半は、生きることが悲しくて辛いことだと感じる時間のほうが多かった。生かされたものとして、この思いを抱きながら、幸せだと思える時間も少しずつ増やして生きたいと思う。

46

五百羅漢の制作に参加して

阿部　裕美

　毎年お盆すぎに、五百羅漢の制作が普門寺で行われていることは以前から知っていたものの、ものをつくることが苦手な私には縁がないことと思っていました。でも、このプロジェクトを立ち上げられた心理学博士の佐藤文子先生から「講師の先生が教えてくれるから心配しなくて大丈夫よ」とお誘いいただき、2015年と2016年に参加させていただきました。

　私はこの震災で両親を亡くしました。両親は、いつもの避難所に避難して津波に襲われてしまいました。いつも通り、避難したから大丈夫だろうと安心しきっていました。まさかあんな大きな津波がくるとは……、あの時迎えにさえ行っていれば……何度悔やんだかしれません。最初の年は父を、翌年には母を思って彫りました。石選びから彫り方、道具の使い方等、講師の先生が丁寧にご指導くださり、苦手な私でもなんとか作ることができました。静寂の中に響く他の参加者の皆さんの石を打つ音を聞きながら、ただただ無心になって石を打ち続けました。ようやく出来上がった時、はっと驚き、

同時に涙がこみ上げてきました。そこには、遺体安置所で見た、苦しい表情をした最後の父の顔が浮かび上がっていたのです。私は講師の先生を呼んでそのことを打ち明けました。先生は「つらかったですね、少し口元を緩めてあげましょうね」と優しく言って下さり、直してくださいました。先生のおかげで微笑んだ表情になり、気持ちがすーっと楽になったことが忘れられません。

　翌年は友人を誘って参加しました。母は笑顔の似合う人だったと、母を知る多くの人が話してくれたので、笑顔を意識して石を打ちました。そして、二人寄り添うように並べてあげることができました。一緒に参加した友人も大切

な家族を亡くし、なかなか前に進むことができ
ずにいたので参加して良かったと喜んでくれま
した。その後の開眼法要やコンサートなどの催
しには残念ながら参加できていませんが、今も
時折羅漢様に会いに足を運んでいます。

　震災から7年半が過ぎました。復興工事は着
実に進み、街の風景はどんどん変化してきまし
たが、心の中は今もあの日を行ったり来たりし
ています。同じように悲しみを背負っている方
は他にもたくさんおられることと思います。そ
ういう方たちにも、ぜひ普門寺を訪れて五百羅
漢に癒されてほしいと思います。そして、未来
への記憶として後世まで語り継がれていくこと
を願っています。

　両親の身元が判明するまで、二人が遺骨と
なってからおそらく1か月以上お世話になって

いた普門寺さんで、今回このようなことができ
たことに心から感謝しています。普門寺のご住
職様、講師の先生方、実行委員会の皆さま、貴
重な機会をいただき、本当にありがとうござい
ました。

普門寺五百羅漢との出会い

長谷川 節子

ある日、お店に貼られている五百羅漢制作プロジェクトのポスターを見た。「すごい事をやっていたんだな」と思いました。彫刻家の先生方が指導されるという。その年は、制作会がすでに終わっていた。普門寺に行ってみたところ、石仏の群像があり、何とも言えないような気持ちになりました。次の制作会は、一年も先の事でしたがお寺の総代の方に来年は参加させていただきたくお願いをしました。そのようなわけで、二年目からの参加でしたが、小学一年生の孫を連れて先生方のご指導を受けながら一心に石をたたかせていただきました。

石に向かった時、「心の重さ」を表現することが難しいと感じていたので、和尚さまのお気持ちや、佐藤先生のお考えをうかがいながら、心を込めて制作しました。

何年も参加しているうちに沢山の素敵な方々との出会いがありました。九州芸術短期大学の彫刻家の先生方や、その毎年お連れする総勢10名の生徒さん達、「無心の奉仕の心」のスタッフの先生方、そして毎年キャンピングカーでここを訪れてくださる千葉の手塚ご夫妻、マイク眞木ご夫妻、高田高校元先生のご両親の毛利様方です。毎年お会いしているうちに、少しの会話でも皆様の心を感じるようになり、震災への想いを一心にこめ、彫りました。羅漢を一体でも多く、何体でも多くと思い、石をたたきながら、亡くなられた方とここを守ってくれる

お寺さんのために、高田を訪れてくれる人々の
ために、そして陸前高田市のためにと一心にな
り石を彫りました。

　最初は金槌で手を叩いてしまい、私も孫も
手に青あざを作りながらの作業でしたが、孫
には「仏様が感謝しているよ。」と言いながら
自分の心に邪心が少しでも無くなり、作業が
終わるとすがすがしい気持ちで家へ帰った事
を思い出します。最後の年までに9体彫るこ
とが出来ました。

　お盆の暑い時、汗だくになり、このお寺さん
に来ていなかったら味わえない貴重な経験をさ
せていただきました。一人一役と思い参加でき
た事に感謝しております。

　このお寺さんの羅漢様や仏様が、陸前高田を
訪れる人も普門寺を訪れる人も静かに穏やかな

気持ちでお待ちしていることを知っていただき
たいと思います。ここで知り合えた方々のお気
持ちに触れさせていただきましたことを心から
感謝申し上げます。

　ありがとうございました。

三人を思いながら

坂口　幸嘉子

　私は、東日本大震災で姉夫婦とその姑を亡くしました。姉の家は私の勤め先の近くだったので寄りました。地震直後に無事を確認し、会話したのが最後になりました。

　その夜は雪がちらつく寒い夜で、姉達の無事を信じて眠りにつきました。そして、翌日避難先でお腹をすかしているだろうと、おにぎりを持って高台の中学校にいきました。甥（当時中3）がそこにいたので一緒にいるはずだと思っていました。甥に会うと、まだ姉達は来てないと心細くしていました。甥を連れて姉たちを探しに向かいました。でも、どこもかしこも瓦礫の山。一瞬で何もかも奪ってしまった津波……実際に目の前に広がる光景を信じることが出来ず、夢であって欲しいと思うばかり……でした。それでも、なんとか自宅が見える裏山につ

いた時、家はなく自宅跡だけが残っているのを見て涙が止まりませんでした。

　それからの生活は、甥に寂しい思いをさせたくないとがむしゃらに頑張った一年間でした。その反動なのか二年目から無性に寂しさを感じる日々を過ごしていました。

　そんな時に五百羅漢のポスターを目にしました。二年で姉たち家族の羅漢さん三体を造りました。無心に石を彫るのは、とても貴重な時間でした。三体完成の頃は自分でも不思議なくらい気持ちが前向きになっていました。今は、毎年一度は三人に会いに行くのが大切な時間になっています。

　最後に、五百羅漢製作に携わったすべての方々に感謝の気持ちでいっぱいです。本当にありがとうございました。

五百羅漢に寄せて

鈴木　和枝

　私は浄土真宗ですが、親戚は普門寺の檀家さんが多く、最近では我が家に民泊する修学旅行の学生を連れて訪れます。

　羅漢さん制作の日は雨でした。開始時に、飛ぶ石から目を保護するためのゴーグルをお借りできたので安心しました。彫りやすい石でしたから、彫刻に興味のある私は、集中して彫れました。しかし1日だけしか制作できなかったので、何とも中途半端な仕上がりになりました。

　震災で我が家は全壊し、大船渡の生家に避難していました。あの日元気だった母が亡くなって数ヶ月後に羅漢さん制作に参加しました。母を思いながら彫りました。また、津波で亡くなったたくさんの友人たち、茶道の仲間ふたり、フラダンスを踊っていたチームの若い役所職員だった彼女、仲良しの同僚のご主人二人を思い出しました。働いていた保育施設の子どもたち、その家族もたくさん亡くなりました。皆

のことを思い出しながら石を打ちました。

　あの日は少し遠くなりつつありますが、生かされた私はこれからどう生きようと考えながら今を暮らしています。終活も少しずつ考えなければ……と思っています。

　寺を訪れて羅漢さんをお参りするたびに、手を合わせています。羅漢さん見守ってください。

はとこの"のんこちゃん"を偲ぶ

鵜浦　美知子

　私は、「五百羅漢」プロジェクト初年度の2013年に義姉と甥と共に羅漢様制作に参加した。東日本大震災津波で亡くなった親戚の鎮魂のため、そして、義姉と私の共同作業により造った羅漢様は、はとこの"のんこちゃん"を偲ぶものだった。

　3.11のあの日は、普段東京で働く私がたまたま有休を取り、実家の陸前高田に帰省した日でもあった。陸前高田に降り立った2時間後にあのような未曾有の震災に遭遇することなど、誰が予想できただろうか？

　私は、自らも九死に一生を得たかのようなタイミングで生かされ、幸いにも家族も全員無事だったが、親戚は7人還らぬ人となった。その中の1人、はとこの"のんこちゃん"とは同い年で近所ということもあり、幼少時代から中学までよく一緒に遊んでいた。

　私は高校から親元を離れ仙台で暮らした25年、帰省すると、真っ先にのんこちゃん家に遊びに行ったものだった。のんこちゃんは、仙台の町、学校生活、流行、恋話など、会うと矢継ぎ早に質問を投げかけて来た。今思うと、のんこちゃんは一人っ子で実家から出ることは許されない、跡取り娘という宿命を背負っていたため、異郷の地の匂いを私から感じ、憧れの外の空気を追い求めていたのかもしれない。

　のんこちゃんは、三陸でも屈指の有名たばこ店の看板娘だった。サービス業で生きる母親の背中を幼少の頃から見て育ったため、培われた愛嬌をもって、聞き上手でほめ上手、クラスで

も人気者だった。当時、ことわざの「男は度胸、女は愛嬌……」とは、のんこちゃんのためにあるもののように思えた。

　私事になるが、私の父は子どもの頃片目を怪我した事で極端に心配症になり厳格な人だったため、母もそれに従うように両親による躾は厳しかった。それだけに、帰郷して、明るくやさしいのんこちゃんと過ごすひとときは、私にとっては、オアシスだった。

　そして、私は、のんこちゃんから、人に接する態度を学んだような気がする。後にIT企業のサービス部門に従事した私は、接客においてのんこちゃんの対応がお手本になったことは言うまでもない。

　義姉と私は、のんこちゃんの2人の子ども達のひとり立ちを見届けず逝ってしまった彼女の無念さを思い、羅漢様の中でののんこちゃんの思

普門寺の和尚さんはじめ、プロジェクトメンバーの方々に、このような機会をいただいたことに、心から感謝する。遠方からお越しいただいた彫刻家の先生方にもやさしく指導していただきながら制作したこの機会は、本当に楽しく、参加した私達にとっても心の癒しの時間となった。

おかげで、「故人を偲ぶことが出来たこと」「今もなお、五百羅漢の中で私達を見守ってくれていると感じられること」「五百羅漢の存在により未曾有の出来事をいつまでも忘れないでいられること」を与えてもらった。

そして、のんこちゃん達、震災で命を落とされた方々が私達に教えてくれたこと、それは、命の尊さと生かされたことへの感謝に他ならない。

いが甦ってほしいと願う一心で義姉と一緒に彫り進めて行く内、作品としては写真の通り不出来だが、羅漢様が立つ場所を訪れる度にどんどんのんこちゃんに似て来ているような気がしてならなかった。まるで羅漢様の中に命が吹き込まれて行くかのように……。

私達は、"あの日"を決して忘れない。
ありがとうございます。（合掌）
のんこちゃん、またね！

心の架け橋　五百羅漢

鈴木　正子

東日本大震災で、5店舗美容院を経営していたうち1店舗しか残りませんでした。大船渡の2店舗は流出し、他市にあった2店舗も交通事情が悪く通いきれず、それぞれの店長に譲り渡さなければならなくなりました。残ったそのひとつの店舗を無休で3ヶ月間開店し、皆様に無料のシャンプーを提供しました。自分も被災者ですが、少しでもみんなを助けたいと思いました。

ある日、友人から「石仏彫ってみない？」と誘われました。お盆で忙しい時期ですが、未知の世界に興味があり、小雨の中普門寺に向かいました。あいにく、持病の腰痛が悪化していたので制作参加は断念しました。

東日本大震災鎮魂の羅漢制作は眺めるだけとなりましたが、雨と石仏、彫っている方々の無心な姿が融合し、言葉にならないほどの光景でした。せめてもの参加協力にと、資金援助のために販売されていたTシャツやCDを購入し、仲間入りの気分を味わいました。

歌手のマイク眞木さんと奥様の加奈子さんも参加されており、お会いできたことは喜びでした。東京芸大彫刻科卒の加奈子さんは数年間、指導者として羅漢制作に参加されていました。加奈子さんから、マイクさんのハワイ語の「バラが咲いた・プア・ロケラニエ」のフラダンスの振り付けを指導伝授されました。私はフラダンスの指導者なので、それはそれは貴重な体験でした。夕方行われた、本堂でのマイクさんのコンサートのときは、ピアノとマイクさんの唄でフラダンスを踊らせていただきました。夜、行われた、五百羅漢完成会のパーティーでは、マイクさんの演奏や、佐藤文子先生のパフォーマンスで楽しいひと時を過ごしました。これがご縁で、マイクさんと加奈子さんとハワイ移民150周年イベントの「120人のフラシスター」の収録にも参加する機会があたえられました。五百羅漢のご縁は人と人、国と国の素敵な虹の架け橋となりました。

鎮魂の五百羅漢は、日本の美意識である侘寂に相応しい普門寺の静寂な林の中で、黄泉の世界からの祈りが聞こえてくるようです。世界の永遠の平和を心から羅漢様たちと共に祈ります。

V
いつもそばにいます

林檎　若麻績敏隆

"未来への記憶" プロジェクトに参加して

岩手県立高田病院　院長

田畑　潔

陸前高田市は 2011 年 3 月 11 日の震災・津波で大きな損害を受けました。あれから 7 年半が経過し、復興が進んできた所、元には戻れない部分、新しく創っていくべき事が見えて来たようです。私は当地の地域医療を支える医療機関、県立高田病院の責任者として、この地域が永続して行く為には何が必要かを考え日々活動しております。

私が当プロジェクトの五百羅漢作りに参加したのは 2013 年 8 月でした。震災当時、北上の中部病院に奉職し釜石地区の支援に赴いておりました。震災後間もない県立釜石病院の混乱と病院スタッフの頑張り、大槌地区の大変な状況はいつまでも心に残っています。その後 1 ヶ月ほど経過後に感染対策の要請を受け大槌中央公民館を訪れた際の避難所の状況を垣間見、グリーンピア田老の仮設診療所などを訪れ、いつかは被災地の復興のお手伝いをしたいと願っておりました。その後、2013 年 4 月に県立高田病院長として赴任する話がありました。これも何かの縁と思い、お話を受けるとともに被災した方々の鎮魂となる活動が出来ないかと思っておりました。そうした矢先での催しであり、当時私と同時に赴任した総師長（現在は退職されています）の川原さんと共に謹んで参加させて頂きました。

しかしながら浅学の私としましては、まず"羅漢さんとは何か"そこから分かりませんでした。色々調べてみましたが、"阿羅漢""悟り"……ちょっと難しくて映像が浮かんできませんでした。そこで、自分なりの解釈で、鎮魂なら良かろうと判断し、お地蔵さん風の下絵を描き形にすることとしました。

この様に参加したのは勢いでしたが、美術の授業では、石彫はおろか、木彫もまともにしたことがない身としては、大変な苦行となりまし

た。当日、たまたま隣りに座っていたのが戸羽太市長で報道取材を受けていらっしゃいました。市長は流石にお忙しそうで、途中で羅漢像作成を指導の先生にバトンタッチしていました。石彫は体力勝負でした。当方は誰にお任せすることも出来ず、途中泣きそうになり金槌を振るっていましたが、鑿を持つ手に力が入らなくなりました。何度も止めようかと思いましたが、それでも挫ける事なく何とか形に仕上がったのは、サポーターの先生方のお蔭と思います。本当にありがとうございました。

2 日間の苦行の末、地蔵風の 1 体が出来上がり、今も普門寺さんで復興途上の市街地を見つめています。一緒に参加した師長さんの羅漢さんはとても丸みを帯びて優しげです。女性らしくこれからの復興を温かく見守ってくれているようです。

矛盾した言い回しですが、振り返ってみると、羅漢像作成中はほぼ無心に鎮魂を願う事が出来ました。こうした境地を体験させて頂いた熊谷住職、佐藤文子さんを始めとしたスタッフの皆様に深謝いたします。そして当地の力強い復興と末永くの地域社会の繁栄を祈念いたします。

繋がりの不思議さ

五味渕 一彦

　パートナーの故郷であり、私にとっても大切な地、陸前高田市。友人の参加から私も五百羅漢制作のプロジェクトに加わることになった。

　繋がりというものは、実に不思議なもので、和尚さんは義兄の先輩。何年目からか羅漢制作期間中に、合唱を披露してくれた高校は娘の母校。その他にも、新しい幾つかの出会いがあり、三体の羅漢さんを彫らせていただいた。

　羅漢を彫っているときには、震災後親族の置かれている状況の変化や、震災後初めて高田を訪れた時の光景が頭に浮かんだ。このプロジェクトに参加させていただいたことで、少しでも犠牲になられた方への鎮魂になれば、何よりである。

　このプロジェクトのおかげで多くの人と出会い、いろいろな話もさせていただいた。

　そして、改めて今生きていることに感謝し、自分の生を全うしたいと強く感じた。

八体の羅漢像

千葉県我孫子市
手塚　哲

　私たち夫婦は、妻の実家のある宮古市に毎年行っていた。震災3年目の春、そのことを知っている骨董店主から「今年も岩手に行くなら、陸前高田で去年からこんな事やってるよ！」と、未来への記憶と書かれたポスターを見せられた。私の住む千葉県我孫子市の消防団は、陸前高田を担当したとのことで、震災直後から支援を続けており、店主は震災当時消防団長として活動の指揮を執っていた。ポスターによると、2013年の夏から普門寺という寺の境内で、鎮魂の為に五百羅漢を彫っており、被災者やその縁者だけでなく、だれでも参加できることがわかった。

仏様のお導き？

　彫刻の経験はないのだが、彫刻家の指導を受け、未経験者でも彫れると聞き、2014年の里帰りを兼ねて参加することにした。その年は、初体験ながら、妻も私も3日間ほどで何とか像らしき石を完成させ、入魂していただき納めてきた。

　この経験を車旅の仲間に話したところ、翌年に2家族、翌々年は3家族、2017年の最後の回は4家族と同行者が増えていった。本来は、被災者やその縁者

の心の傷をいやすための羅漢制作なのだろうが、われわれも震災で受けたショックは大きく、石に向かっていると気持ちが落ち着いた。それから毎年、羅漢様を彫りに訪れた、陸前高田やその周辺で、多くの方々に出会えたのは得難い経験だ。

　被災のことは触れず、境内で黙々と石に向かう地元の方。

　娘さんを津波でなくされ、毎年石像彫りに参加されるご夫婦。

　九州から新幹線を乗り継いで参加した、多くの若い学生たち。

　長距離深夜バスで日帰り参加の人たち。沢山の出会いは忘れられない。

　また、ご住職やイベントの仕掛け人の岩崎先生、佐藤先生。素人の私たちを丁寧に指導してくださった、多くの彫刻家の先生方などなど、お世話になった方々も忘れられない。

　また、毎年続けて参加したおかげで、お寺以外場所でも、地元の方との交流もできた。

　私たち夫婦や同行した仲間たちは、隣町の碁石海岸駐車場で車中泊をしていた。期間中毎朝駐車場から普門寺に出勤し、日中は羅漢を制作し、夕方大船渡温泉に入って再び駐車場に戻ってきた。多い時には5台の車での車中泊だっ

た。使わせていただいた駐車場は、いつもきれ
いに整備され、トイレも毎日地元の方が清掃を
してくださっていた。最後の年の2017年、駐
車場にある観光協会の職員の方に「今年で終わ
りです。毎年お世話になりました」と告げる
と「来年からお見えにならないのは寂しい」と
残念がられてしまった。どうも地元では「今年
も、高田の普門寺で石を彫っているグループが
来ている」と、車も顔も知られていたようだっ
た。駐車場で仮眠ではなく停泊は、ほめられた
ことではないが、羅漢様制作ということで、大
目に見ていただいたのだと思う。最後の年、帰
るときに見えなくなるまで手を振られ「また来
てね」と言われてしまった。碁石海岸近くにお
住まいの方からは、ワカメや昆布のお土産まで
頂いた‼ 被災を経験しているであろうに、私
たちにまで地元の方々の温かいお心に感動しま
した。

もっと続けてほしい

2014年から4年間、妻と二人で彫ったのは
8羅漢。同行した仲間と合わせると20羅漢を
超える。今年も夏が近づいてきた。車旅の仲間
たちからは「本当に2017年で終わりなの!」

もっと続けられないかという声も。10体20体
と彫り続けることができれば、と思うのは私だ
けではないようだ。妻はこのイベントが終わっ
た後も、自宅で小さな石を彫り続けている。

今ある8体の羅漢は、他の五百羅漢ととも
に、高田の人、街、海を見守ってくれることだ
ろう。先に旅立たれ、待っている方々にお会い
できた後も……。

2018年 初夏

陸前高田　普門寺の五百羅漢に想う事

菅原　雅之

　私は陸前高田市の出身でもなく、地元住民でもないのですが、妻の母と親戚が参加していた何度目かの五百羅漢の制作に参加させて頂きました。

　今回この寄稿の機会をいただきまして本当に有難うございます。

　あの日（東日本大震災）、間違いなく世界は変わった。

　人、町、全てをのみこんでしまった。

　過去に類を見ない圧倒的な震災。

　悲しみ、怒り、苦しみ（言葉では言い表せない想い）、これは今も色々な形で続いている。地元住民が大きな声で語らずとも、私たちにも見えてくる景色がまだまだ沢山あります。

　ここ（普門寺の五百羅漢）が日本のみならず、世界にも発信できる景色（供養のシンボルやランドマーク）の一つになれば良いと思い、私は五百羅漢に参加しました。東日本大震災の話を聞くたびに失ったものは大きいと再確認いたします。しかし、それ以上に、多くの人が考え、動き、協力して「絆や希望」を得たことは大変大きいと常々感じます。また、それを通して学ぶことも多々あります。

　五百羅漢像という意味合いからすると、立体の像を作るのが普通だと思いますが、私はあえて東日本大震災から深く学びをいただいた「絆」の文字を刻みました。普門寺の五百羅漢を観に訪れたら、少し離れた場所から全体を俯瞰して、その数の多さに驚き、そして近づいて、一つ一つを眺めて、たくさんの方から寄せられた思いを巡らせつつ、是非とも有意義な時間を味わっていただきたいと思います。

「未来への記憶プロジェクト」に参加して

大隅　香織

　妹から陸前高田に行かないかという誘いを受けたのは、東日本大震災から2年が過ぎた2013年の春、「あやちゃん（臨床心理学博士・アートセラピストの佐藤文子さん）がすっごいプロジェクト（あとで知る『未来への記憶プロジェクト』）を立ち上げたので一緒に陸前高田に行かないか」という誘いだった。

　あやちゃんは私たち姉妹の幼馴染みで、東日本大震災後、陸前高田で被災者の心のケアをしてきたそうだ。そして、「震災で受けた心の傷や苦しい思いを石に打ち付けることが癒しになる」と呼びかけ、同市の名刹「普門寺」の熊谷光洋住職等の協力により犠牲者供養のため、五百羅漢の制作プロジェクトを立ち上げた。

　震災後、何もできていなかった私にとってはありがたい話でもあり、また、幼い頃一緒に遊んだあやちゃんに40年ぶりに会えるのも楽しみだった。そのため、即答でこのチャンスに便乗させてもらった。

　当時、米寿の父と大学生の娘、そして親しい友人親子も誘った。まだ復興が進んでいなかった陸前高田近辺では、観光客が宿を確保するのは難しい状態だったが、その頃旅行会社に勤めていた私は、幸運にも陸前高田から車で30分程の気仙沼に、14名分の宿を確保することができた。

　気仙沼は風光明媚なリアス式海岸と豊かな三陸の海の幸で発展してきたが、この震災により大きな被害を受けた。しかし、宿泊した気仙沼プラザホテルは気仙沼湾を見下ろす高台にあったため、比較的、津波被害は少なくホテル内の眺望のよいレストランには、湾内で起きた大火災の様子や被害を記したパネルが展示されていた。震災翌朝の気仙沼市内は、家屋が一面に倒壊し、道路には400t規模の漁船が何艘も打ちあげられ、焼け野原と化した無残な姿に変わり果てていた。震災から2年以上がたっていたが、街の復興はあまり進んでいるようには見えず、テレビの映像で何度か見たことがある全長60メートルの大型漁船第18共徳丸も、胸苦しくなるようなむき出しの姿を晒していた。その漁船の前で静かに祈る人の姿もあった。

　翌朝、我々一行はあやちゃんの待つ陸前高田に向かった。車中から見える津波にさらわれた

沿岸部の景色は、どこへ行っても工事車両が忙しそうに走りまわり、無機質な造成地が続いていた。このような景色に直面し、私たちの心はどんよりと澱んでしまった。しかし普門寺で太陽のようなあやちゃんの笑顔に出迎えられた時、その場が一瞬にしてぱっと明るくなったように感じた。そして、天気までもがつられるかのように一気に夏空に変わった。あやちゃんは本当に不思議な人だ。

さて、私たちは彫刻の専門家から羅漢制作の方法を教えて頂いた後、めいめいが好きな形の高さ30～40センチ程の石を選んで、その石にそれぞれの思いを刻んだ。皆は強い夏の日差しを浴び、首にかけたタオルで時々汗を拭いながら、黙々と彫り進めた。そこには悲壮感はなく、穏やかでゆったりとした時間が流れていた。3～4時間もするとあちらこちらから完成の声が聞こえた。皆の作った羅漢様を見ると個性が出ており、様々な表情があり面白い。最後は自分の名前を木のプレートに書き込み、心を込めて羅漢様の前に置いた。

あれから5年が過ぎ、ついに500体に到達したという嬉しい知らせを受けたのは2017年の夏だった。「未来への記憶プロジェクト」に、私は妹と父・娘という家族3代で参加でき大変有意義な時間を過ごすことができた。このような機会を与えてくれたあやちゃんに、感謝の気持ちを伝えたい。そして、家族ぐるみで親交のあったあやちゃんに約40年ぶりに会った父も、佐藤家の健康を大変喜んだ。

ところで、このプロジェクトを知ることができたのは、妹の高校の友人が偶然にもあやちゃんと親交があったからだ。その友人のおかげで私たち姉妹はあやちゃんに会い、そして羅漢様を彫る機会を持てたのだ。人と人の繋がりに驚き、そして感謝し、私たちは一層の友情を深めることができた。

五百羅漢の制作は569体の完成で2017年、締めくくられたそうだ。しかし、「未来への記憶プロジェクト」の名のとおり、私たちがいつまでも震災を忘れないためにも、この五百羅漢のことを多くの人に知ってもらいたい。そして私もまた、家族そろって陸前高田を訪れたいと思う。

普門寺五百羅漢さんのご縁

一般社団法人 性と健康を考える女性専門家の会 代表理事・医師
早乙女 智子

何もできない自分がいて、もどかしいことはよくある。嘆くことはできても、そのあとが続かない。三月十一日もそうだった。

高校の同級生のご縁で、陸前高田の普門寺さんの五百羅漢を彫る、という話を聞いて、何もできない自分のもどかしさから、行きたい！と思った。

普門寺は、小高い所にあり、その手前の海側は更地になっていた。入り組んだ地形の隆起したところは家が残っていて、そのわずかな違いが衝撃的でもあった。

蝉の声と木立のさわやかさと、砂を噛んだような落ち着かなさを抱えて、石に向かった。

石を選ぶところから、それは始まっている。最初は、仕事の都合上、滞在時間2時間という限られた時間で、渾身の力で炎の羅漢さんを友達と一緒に彫った。津波を打ち消すような大火を連想した炎の羅漢さん。今更だが、守ってもらいたい、そんな気持ちだった。絶望や嘆きを乾かす火でもあった。友人たちと三人で行う作業は、お互いを気遣い、遠慮しながらも、無心に時が流れていくことに安堵した。出来栄えはともかく、スケジュール的にお寺にたどり着けるかどうか微妙だっただけに、参加できたことに感謝した。

二回目と三回目は、家族で訪れた。夫や二人の子どもたちにも知ってもらいたかった。二回目は、まあるい、まあるい羅漢さんを彫った。どこまでも丸い、地球をイメージした。心も丸くなあれ、と思ったら泣けてきた。簡単に心が丸くなるわけがない。傷は簡単には癒えないのだ。丸く削るために、一心に鑿をふるった。石

は、柔らかくて削りやすいが、かといって調子に乗って扱えば欠けてしまう。柔らかいといっても、穴を穿つにはそれなりの時間と労力が要る。根気と、祈りが入り混じった濃厚な時間を費やすことができた。個性は顔に出るというが、作品にも出る。失った家族を想って彫られたもの、神々しいまでに完成度の高い見惚れるような羅漢さん、誰かの想いが溢れ出る羅漢さん、思いも込めた祈りもそれぞれだろう。

出来上がってみれば、芸術性のない、完成度の低い羅漢さんが私たち家族の羅漢さんだ。何もできないもどかしさの中でもがく私の羅漢さん。これからも、生きている限り、もどかしさとある種の諦めを感じ続けることだろう。未完成羅漢、ということでお許し頂きたい。正直なところ、横浜で地震に遭っただけの私たちには強烈なモチベーションがない。ごめんなさい、とも思う。しかし、謝る必要はないのだ。災害は誰のせいでもない。

普門寺さんに自分が彫った羅漢さんがいる。そのことは自分にとって誇りだ。石に向き合う時間は、祈りの時間でもあった。多くの御霊の鎮魂と、そしてそれでも生きている私たちが前を向いて生きること。尽きることのない私たちの苦悩を癒してくれる普門寺さんとのご縁をこれからも大切にし、また会いに行きたいと思う。

陸前高田市の五百羅漢像とは

筑波大学大学院数理物質科学研究科　教授
中山　知信

2013年8月、陸前高田市を訪れた。朝霧のかかる陸前高田の穏やかな海辺、プレハブで営業する飲食店、陸前高田で見かける人々、この市内には確かに生命力があり、すっかり建物が消失した広大な土地が広がっているにも関わらず、決して暗い印象を見せなかった。

陸前高田市は130頁に及ぶ東日本大震災被害の検証報告書を2014年7月に取りまとめた。そこには、同市内で一千七百十七人の尊い命が失われた事が淡々と綴られ、そのほとんどが津波の被害であり、津波被害を受けた地域に住んでいた人の9割が犠牲にならずに済んだと記されている。今改めてこの数字を見ると、1割もの人（10人に1人）が犠牲になった事の意味と、私が見た陸前高田市の印象との隔たりに愕然としてしまう。

人間と言うものは、一人が多くの人と繋がっている事でその輝きを得るのだと私は信じている。我々は一体、何人の人を知っていて、何人

の人にお世話になり世話をしているのだろう。名前は知らないけれど、駅前の駐輪場で管理人に挨拶し、声も掛け合ったことはないけれどもいつも見かける人と駅や食堂や街の

中ですれ違い、そういう様々な繋がりが人生となっていく。一人の人生に関わる人は10人程度で収まるのであろうか。答えは明確にNoである。10人に1人が失われたと言う事実は、言い換えれば、残された全ての人がそれぞれの人生の一部を失った事に他ならない。

人生を作り上げてきた人の繋がりに大きな穴が開いてしまった陸前高田市に、なおも生命力を感じた事に、今改めて私は驚き、胸に熱いものを感じる。大切なものを失ったことで、残されたものがさらに強くなる。その人々の力強さと、無念にも現世を離れてなおこの街を支え続ける多くの魂に敬意を表し、友人達と共に作った羅漢像をその地に残せた事を嬉しく思う。

陸前高田市の普門寺に今も増え続ける五百羅漢像は、いわゆる仏道修行者達の像ではない。その地に息づく人々の輪の一部であり、全国の人々の思いがその輪に加わっている事の証でもある。いつかまた、多くの人の思いに満ちた普門寺の境内を訪れたい。

五百羅漢制作を終えて

元東日本大震災津波伝承館　解説員
平本　謙一郎

　2017年8月13日。小雨降る普門寺。少し早めに着いたが、もうすでに数人の方が、熱心に金槌と鑿を振り下ろしていた。その様子を、まずは観察……15分ほど経っただろうか。佐藤先生らが会場に到着した。これまでメールのやりとりだけだった佐藤先生と、初めて直接言葉を交わす。自己紹介もそこそこに、まずは石選びから。石は初心者でも簡単に彫り起こせるような原石が用意してあった。道具も揃っていた。だから、汚れてもいいような服装で、身一つで会場に行くだけだった。彫り方やアドバイスなども、会場にスタンバイしていた専門のスタッフにお伺いを立てるシステムだ。そのアドバイスに従いながら、慎重に彫り進める。集中……もうそこに迷いはなかった。あとは自分の思いを金槌と鑿に乗せるだけ。金槌の一振り一振りが、鑿を少しずつ前に押しやって行く。そして、仕上げは鑢掛け。その連続作業によって、石の中から羅漢様のお顔がだんだんと見えてきた。会場は一心不乱に打ち下ろされる金槌と、石を削る鑿と鑢の音だけが木霊する……やがて、約半日の作業が終了した。目の前には原石の中から、たったいま生まれたばかりの羅漢様。それをすでにある羅漢様たちのお仲間に入れていただく。「場所はご自由に」……笑顔溢れるスタッフから。個性豊かで、様々な表情を浮かべている羅漢様たち。その右奥の一角、大きな木の根元にスペースを見つけた。苔むす台地。天然の少し湿った緑のカーペットの上に、自分の羅漢様をそっと置く。前から、横から、少し離れたところから。その出来映えを確認する……「よし」。

　完成した五百羅漢は今日も普門寺の境内で静かに佇んでいる。行くたびに静かだがいまにも羅漢様たちの囁きが聞こえてくるようだ。合掌。

五百羅漢作成に寄せて

岩手県立高田病院　元看護師長

川原　玲子

　私は二十歳の時に大好きな父をがんで失った。お父さんと呼びかける人がこの世にいないと思うと、悲しくて辛くて一人になると泣いていた。でもいつの間にか楽しかったことも多く思い出し、事あるごとに心の中の父に話しかける時間が増えてきた。姿かたちは無くなったけれど、いつも父が見守っていてくれるような感覚があった。私が幼いころ父はお地蔵さまの足元に小石を積みながら、「お地蔵さまは、みんなを守ってくれるんだよ。」と教えてくれた。私はお地蔵さまを見るたび、祈るようになった。

　看護師になった私は、父との死別体験をはじめ、多くの方の看取りの場に立ち会ってきた。死別の時、生きている人が亡くなった人に触れ、話しかけ見つめ、悲しみ、家族や知人に支えられ死を受け止めていく過程を見つめてきた。人それぞれに時間の長さは違うけれど、後日亡くなった方の思い出を御家族と笑って話し合うこともあった。

　しかし東日本大震災での死は、違った。何の準備もないままに突然死が訪れた。昨日までの知人が何も残さず突然いなくなった。私の友人はご主人を、娘を、親を亡くした。「（遺体が）すぐ見つかったから……。」それは数週間後に見つかったことだった。

　同僚の夫は地元消防団で連日遺体捜索に出ていた。職場では通院していた患者さんや知人が亡くなったことや被害の状況が毎日話題になった。亡くなった入院患者さんの家族の中には、自宅が被災し、お寺も遺体安置所になっていて帰る場所に苦慮する方もいらした。

　非日常の日々の中で、突然災害によって何もかも奪われることや、人生の最後の時に静かに別れる時間がない現実に、言葉には表せない不条理を感じた。

　それから2年後、私は岩手県立高田病院に転勤した。仮設住宅から通勤している方や、家族や知人が被災し亡くなった職員が多くいた。震災の時に津波から患者の命を守って屋上で一晩過ごした職員から聞いた辛い体験は、私の想像をはるかに超えていた。「屋上で過ごしたあの

時、病院の周りがすべて波に沈んでしまったの
を見て、家族はみな生きていないだろう。患者
さんを助けて役割を果たしたら、私も死のうと
思った。」と打ち明けた職員もいた。

　いろいろな想いに触れているときに、病院長
から「五百羅漢を作ろう」と誘いを受けた。

　私は、お地蔵様を作りたいと思った。

　制作したのは、暑いお盆休みの日だった。

　ゴロゴロした石の中から「自分で選んでくだ
さい」と指導の方に言われ、ノミとハンマーを
初めて手にした時、私はできると思えず一瞬ひ
るんだ。

　形あるものを作るということは、容易なこと
ではないなと思いながら、ただただノミをあて
た。出来上がった時は、何かの使命を終えたよ
うな気がした。私のお地蔵さまは、ほかの羅漢
様と並んで静かに笑っていた。

　今思うと、他者の供養のためだけでなく、自
分自身を癒すために彫っていた気がする。改め
てこのプロジェクトの意義を見つめなおし、参
加して形にできたことに、被災地の一人として
感謝している。

制作中の様子

VI
遠くから祈っています

秋の実り　　若麻績敏隆

五百羅漢の完成おめでとうございます。

株式会社ジェイキャスト　執行役員
蜷川　聡子

　震災の直後は、支援は食糧や生活用品など生きていくのに不可欠なものに集中すべきだという意見も多く見られ、心を癒す絵や音楽など、芸術によるセラピーが軽視されてもいるように感じたこともありました。でも、心が死んでしまうと人は食べること、そして生きることもやめてしまうのではないでしょうか。

　そんななか、普門寺の和尚様、セラピスト、芸術家の皆さんが協力して始め、そして何年も続いたこの五百羅漢制作は、心を助け、そしてつなぐ素晴らしいプロジェクトだと感じています。また、人々の記憶の中からあの震災の記憶が消えかけても、普門寺の五百羅漢は残り続け、メッセージを未来にまで届けるのでしょう。

　羅漢は阿羅漢の略称で、悟りをひらいた高僧や聖者のことを表すそうです。普門寺の庭で、悩みも苦しみもなく静かに佇んでいる五百羅漢さまの穏やかな顔を、いつか見に行きたいと思っています。

羅漢に心の思いを寄せて

ワイズメンズクラブ国際協会東日本区厚木クラブ　元会長
万年　孝助

　神奈川県厚木市にいた私は、平成11年3月11日の東日本大震災に見舞われた人々の様子や、自然の神の恐ろしさをニュースで知りました。平成13年6月9日に、私はワイズのメンバー数人と、被災地陸前高田市に参りました。高田高校仮設で、仮設生活を余儀なくされている被災者の方々と、心温まるひと時を持つことができました。今の現実や、今後のことをお伺いし心痛な思いでした。また海岸の一本松を訪れ、あたり一面何もない現状をまのあたりにし、私は心の中で「自然界の中で生かされていながら、この自然界（神）の厳しさとのギャップを、人間はどうしたらよいのか。」と、被災された方々の心境を思い、やりきれない気持ちで帰路に着きました。

　震災は神が作り出した試練かもしれません。多くの方たちが愛する人や、友、家を失い、また生きるすべも、もぎとられてしまいました。自然の業とはいえ、あまりにも厳しすぎます。でも、そのようなときに神はひとつの光を放ってくれたと思いました。それが羅漢制作でした。私たちの落ち込んだ心の思いや、願いや希望を羅漢に彫りこみ、魂を石に刻み入れました。そして5年の歳月をかけ、魂の入った五百羅漢を完成することができました。

　被災の復興も道半ばですが、是非ともがんばってほしいと願います。このたびは「未来への記憶」プロジェクトを計画された皆様、また運営委員、協力された普門寺様に感謝申し上げます。

羅漢さんたち

Ⅶ
祈りを形に
ボランティア参加のアーティストたち

土の便りⅠ　　今井陽子

五百余の大切なもの

渡辺 尋志

様々な羅漢様が並んでいる、人それぞれの思いと願いが込められているのだろう。

人間、犬、猫、鳥……沢山の羅漢。2011 年 3 月、沢山の命がこの世から去ってしまった。

2013 年、二年という時間が経ち少しずつ薄れていく記憶……。ある日「五百羅漢を造りたいのだが材料や道具の何か良いアイディアないか？」と友人の岩崎幸之助さんから電話がかかってきた。なんの迷いも無く自分の知る限りのアイディアと情報とを提供した。

すぐに、見本となる最初の羅漢を制作した。初心者の制作の参考になればと思い、制作時の工程を写真に撮った。震災後、何か出来ることは無いかと探っていた中での最良の機会だった。チャリティーや募金は何度も参加しているが、現地と直接関われることをしなくてはならないと思っていたからである。

自分は福島県いわき市出身、東北の端っこだが、生粋の東北人だと自負している。どんなことでも良いので東北のため今の自分にできることで参加させていただこうとこのプロジェクトに賛同した。

生き残った者たちが造る羅漢は、亡くなった命への弔いでもあるだろうが、生きていることへの感謝や希望でもあると思う。

私の家族も参加させていただいた。それぞれ

に何らかの想いを込めた形を残してきたのだと思う。普段から石を刻む私と違って、彼らの初めての体験は思い通りに行かない歯がゆさと忍耐の時間だったように感じられたが、彫り終わった時の笑顔には感動を覚えた。

羅漢制作者は、作っていることに夢中になり、無心になり、造っている羅漢に真剣に向き合い他のことを考える余裕もなくなる。一つの羅漢が出来上がった時の達成感はこれから生きていく時間の中で大切なものの一つとしての経験になるだろう。そして、その経験は、頭や身体の中の記憶として残り、去ってしまった命たちを忘れないことに繋がるのだろう。

五百を超える羅漢さん達はこの記憶を形に表したものになる。声や言葉はその場で消え去ってしまうものだが、石に刻まれた形あるものは石が風化されて無くなるまでの長い時間、見る人に、通り過ぎる人に訴えかけることができるのだ。

並べられたのは古くから地元の人々に愛されてきたお寺の境内。これからも百世不磨として鎮座するのであろう境内とそこに続く歴史を感じる杉並木は圧巻だ。これからはここで少しずつ苔むす羅漢たちになるだろう。地元の人々に

愛され、後には地域外から人々を呼ぶ五百羅漢になれるかもしれない。

地球全体で異常なことが起き始めている昨今、災害はどこで起こるかどんな形で迫ってくるかわからない。何百年か、何千年か分からない未来に2011年3月11日を伝える大切な語り部になってもらえるであろう。

このプロジェクトを立ち上げたメンバーや、支え続けた皆さま、そして住職の熊谷光洋和尚様にこの場をお借りして感謝の意をお伝えしたい。「有難うございました。」

そしてこの場所とこの出来事を沢山の人々に知って、残してほしいものである。

制作中の様子

五百羅漢様制作プロジェクトに参加して

尾形　満歳

九州産業大学短期大学部の小田部黃太先生から、この企画を聞き、第一回目から三年間、夏に参加させていただきました。

第一回目の時、現地に入って津波で流された街中を夜、車で走った時の驚きは忘れることが出来ません。道だけあるのに信号機も燈も建物もなく、どの方向に走っているのかわからなくなりました。また、普門寺の方から震災の話もいろいろ聞き衝撃を受けました。私にできることは、ただただ、何もなくなった陸前高田で、生活されている方、亡くなられた方のことを感じることだけでした。そして、自然の驚異に人間は逆らえないと思いました。

そんな思いをしながら佐藤文子先生のレクチャーを受けて、石を彫りはじめました。だんだんと環境になじんできて目に入ってきたのは、普門寺周辺の山々と眼下に見える太平洋。自然はとても美しく癒されました。気持ちよい自然の中で、初めて彫る石と対話して、その石の形に添えるような作品を手がけました。準備していただいた石が彫りやすい柔らかいものでしたので、どんどん形になっていくのが楽しかったです。また、作業中たくさんの方々からの差し入れもいただきました。ありがとうございました。

宿泊は、仮設住宅の中にある集会場を使わせていただきました。ほんの数日間でしたが、仮設住宅に寝泊まりする苦労も感じられ、貴重な体験ができました。

二年目、三年目の参加では、近くの民宿が利用できるようになり自炊する手間も省け、近くにスーパーマーケットも建てられたので買い物も楽になり、復興していく過程を見ていくことが出来ました。そして、生活する上での不自由さ、便利さに気づかされました。

現在の陸前高田は、さらに復興が進み被災している方々の生活も、被災した当時から変わってきていることでしょう。良い方向に進んでいる方、新たな問題に直面している方さまざまだと思います。どんな状況であっても、ただ一つ確かなことは、震災に遭われた方も、五百羅漢様製作プロジェクトに参加された方も、同じ空気を吸い、同じ自然に守られながら、多くの海の幸、山の幸をいただき共生していることではないでしょうか。

五百羅漢様制作プロジェクトは、石を彫るという活動だけでなく、たくさんの人とのつながり、自然と人とのつながりを感じさせてくれた企画でした。またいつか、陸前高田を訪れて、完成した五百羅漢様に対面した時、どんな自分に出会えるのか楽しみです。

未来の笑顔のために

九州産業大学造形短期大学部　准教授
井上　博樹

　2011年3月11日に起きた東日本大震災では、行方不明者を含めた約2万7000人が犠牲となり自然災害の恐ろしさについて改めて考えさせられました。地震直後のテレビ報道では、全容がわからず、津波被害にあう仙台空港の様子を、私はただ呆然と眺めることしか出来ませんでした。その後、街を襲う津波の様子が各局で徐々に流れ始め、改めて被害の大きさに言葉を失くしたことを憶えています。しかし、福岡という離れた土地に住んでいる我々には、その惨状について理解しているはずなのに、どこかで「テレビの向こう側の世界」という意識が少なからず存在したことは否めなかったと思います。そんな私の意識を変えてくれたのは「未来への記憶」プロジェクトへの参加でした。これは、岩手県陸前高田市の普門寺で五百羅漢像を制作し、震災の記憶を未来へ繋いでいこうという取り組みで、私の勤める大学で彫刻を教える小田部教授がこのプロジェクトのメンバーであったことがきっかけです。授業の一環として2013年から2017年までの5年間、毎年8月に福岡から岩手県まで学生を引率し活動されました。そこに私も学生の引率を兼ねて2015年と2017年に2回参加させていただきました。

　一ノ関駅から車で陸前高田市に向かい、初めて現地で見たものは災害から3年経過したとは思えない、津波の爪痕が生々しく残る光景でした。15メートルの高さに津波の跡が残るガソリンスタンドの看板、4階まで大破した5階建てアパートなど、「もしも自分がここにいたら……」と想像をするだけでパニックになるようなリアリティーがそこにはありました。

　今回のプロジェクトの会場である普門寺は陸前高田市の被害地区の北側の山間にあり、800年の歴史を持つお寺です。ここには津波により身元不明となった多くのご遺体が埋葬されている場所でもありました。我々はそこで3日間、朝から夕方まで活動し、日頃おしゃべりな

学生たちも、黙々と無心で羅漢像を彫り続けていました。石彫に使用する石といえば、硬い御影石などを使い、彫るのにとても時間のかかるイメージがあるのですが、今回のプロジェクトでは石彫経験のない人にも彫りやすい軽石の一種である抗火石を選ばれており、参加者が楽しみながら無心で彫れることに繋がっていると思いました。ひたすらノミと金槌で石を彫っていると、いつの間にか数時間が経過している状態で、日頃の忙しさや悩みなどを忘れることのできる時間だったと思います。

　2日目に、他県から毎年参加されているご夫婦とお話をする機会がありました。陸前高田市で働いていたお嬢さんが津波被害で行方不明になってしまい、何の手がかりもないまま毎年探し続けている間に、普門寺にたどり着いたそうです。そこで「娘はここにいる」と感じ、不思議で穏やかな気持ちになったと言われました。それから毎年、陸前高田市を訪れ、「未来への記憶」プロジェクトに参加されているそうです。無心で石を彫られているお二人の穏やかな表情がとても印象的でした。石彫によって心の傷が癒されていくのだと感じたのもこの時で、

プロジェクトの持つ意味をはっきりと理解できた気がします。

　最終年の2017年には羅漢像が目標の500体を超え、そこに立ち会えたことは、私を含め学生たちにも、とても貴重な体験になったと思います。境内には様々な表情の羅漢像が並び、これから先、普門寺を訪れる人々がそれを見ながら震災の記憶を忘れず、そして会話が弾み、笑顔になれるのが「未来への記憶」プロジェクトだったのだと思います。佐藤文子先生をはじめ、関係者の皆さま本当にお疲れ様でした。

五百羅漢達成に祈りをこめて

長野県　てんしのけーき

母袋 京子

　2013年8月17日長野の有志6人で陸前高田に向かいました。目的はふたつ。五百羅漢の一体を鎮魂の思いを込めて石に刻みたいこと。そして"てんしのけーき"の菓子を参加者のお土産やおやつにという形で販売御提供させていただくことでした。

　陸前高田との関わりは、震災後SNSを通じて佐藤文子さんの活動から、弊店のお菓子をささやかながら被災者のみなさまに召し上がっていただければとお送りするようになったことがはじまりです。

　真夏の盆過ぎの普門寺には、活動最初の年でしたので、羅漢さんが、ぽつんぽつん、ごろん

ごろんと、座られて、それぞれのお顔を陽に向けて松の木の下に鎮座しており、なんとも温もりを放ち、感動的なお姿でありました。

　"てんしのけーき"の屋号を持つ弊店は、当時、娘の菓子職人のスタートと共に2年前に開業しておりました。軽い障害を持つ娘が職人として店を構えました。ちょうど日本テレビの24時間テレビ長野ローカル特集放送のため長期の取材中でしたので、長野から『テレビ信州』のクルーのみなさんも同行しました。私たちのような他県からの大勢のものが、被災地や普門寺を訪れ、被災地を見ることにも意義があったと思いました。

　普門寺のお寺に向かう坂道をのぼりながら振り返ると、陸前高田の街が広がります。見下ろす海岸までの広い大地に災害が襲ったのかと、ただただ言葉を失いました。

　娘は、自慢のシフォンケーキやクッキーを2日間販売させていただきました。私と息子と友人たちは、羅漢様を彫ることに精を出しました。亡くなった方々に、私たちの心や思い

が「届け。届け」とつぶやきながら一振り一振り打ち込みました。彫っている間は、被災者の方々のことを思い、汗と涙でぐちゃぐちゃになりました。自分も芸術家の一人として作り上げたいという意地もありました。参加した被災者の方々との語らいや笑い声に励まされ、試行錯誤しながらやっと自分で1体彫ることができました。羅漢制作中には、自分の心を見つめる時間がありました。自分は、災害の重さを解っていたのだろうかと自分に問い、自分の未熟さを恥じました。このような機会を与えられたことも、ありがたいかぎりでした。

　佐藤様はじめご縁をいただき、お声を掛けていただいたことに感謝します。自分の造った羅漢さんが、五百羅漢として普門寺にいてくれるのは大変ありがたく思います。震災で犠牲にな

られた方々やご遺族へ私たちの祈りや心の思いが連鎖して未来につながるのかな、と思います。また必ず陸前高田を訪れます。

　五百羅漢のプロジェクトに関わることが出来ましたことに、改めて心より感謝申し上げます。合掌。

五百羅漢完成に寄せて

画家
北村 さゆり

　2013年の夏、佐藤文子さんに声をかけていただき、ティーシャツのポイントとして石仏を描いた水彩画を使っていただきました。

　普門寺境内の写真を見せていただきました。五百人の想いのこもった石仏がひそひそぺちゃくちゃと賑やかに語っているようにみえます。

　立ち上げから完成までを近くで深く関わることはできませんでしたが、このプロジェクトに参加させて頂いた事に感謝しています。

普門寺
五百羅漢

五百羅漢に寄せて

画家
堀江 孝

2011年の東日本大震災、自然が与えた不条理に何も出来ない自分の無力さを痛感させられました。

とりあえず復興に向けて売り上げのチャリティーや募金を美術展で行いながらの日々でしたが、被災地のお寺や心理学者、彫刻家の方々による五百羅漢を奉納する企画のお手伝いの話があり、微力ながら絵描きも出来る事だと思い、イベントで使われるTシャツにプリントする絵を描かせていただきました。絵のモチーフは復興に向けて頑張る林檎農家の台風で落ちた商品にならない林檎を葉付きのまま絵にすることに決めました。形も不揃いで厳しい環境で実った林檎は表情も豊かで絵になります。

普門寺の住職や五百羅漢のスタッフはもちろん、現場で彫刻の指導をする彫刻家の方々はお疲れ様でした。参加された有志の方々も石を刻む体験は一生の思い出になると共に被災者への鎮魂を形にする貴重な体験になったと思います。普門寺に心を刻んだ羅漢像は残りますが、一番大切な事は人が心を持って行動し企画を成したという事実でしょう。

羅漢さんと私とあやめ

画家
永山 裕子

　私とあやめ（佐藤文子）は、20歳のころからの友人です。私が東京芸大の油絵科の学生、あやめは多摩美術大学の彫刻科の学生でした。私は芸大のラグビー部のマネージャーで、あやめの彼が芸大のラグビー部の主将でした。そんな関係で、私たちはラグビーの試合のある週末はいつも一緒に過ごしていました。ある朝、多摩美術大学のグラウンドで試合がありました。試合前に、私とあやめとAKちゃんと鍵のかかっているプールのフェンスをよじ登り、水泳部の更衣室のロープにかかっていた水着を勝手に着て泳いだこともありました。朝のプールの水は冷たくて気持ちが良かったです。泳いでいたら、水泳部がフェンスの鍵を開けて入ってきたので、私たちは裏から更衣室に入り、濡れた水着を脱ぎ捨て、水泳部がプールの掃除をしている背後から脱出しました。懺悔します。濡れた水着は私たちが着たものです。多摩美の水泳部の皆様ごめんなさい。軽井沢で別荘の外壁に絵を描くバイトも一緒にしました。何日も高い足場に乗ってペンキだらけになり絵を描きました。青春でした。

　あやめは、アメリカでアートセラピーの大学院と心理学の博士号を取り、13年ぶりに日本に帰国しました。アメリカでは心理学者として、移民や難民の子どもたちを支える仕事をし

ていました。

　震災後、陸前高田に行く話を銀座で聞きました。あやめは、陸前高田に行き、仮設で4年数ヶ月も心のケアでがんばりました。冬は寒くて部屋の中でも息が白くなり帽子をかぶり、襟巻きをして寝ていたこと。床が湿気ていて、乾いた洗濯物を床に置いておくと湿ってしまった話を聞きました。毎日毎日何人もの人の話を聞いてくたくたになって帰ってきていたのを私は知っています。だから、私はあやめを心から応援したいと思いました。夜、長電話をして、あやめを元気付けようと思い、ネタを集めて面白い話をしました。夜中の仮設に響くような大きな声で笑いあいました。懺悔します。真夜中に大きな声のあやめの笑い声は、私が笑わせていました。

　五百羅漢を造るプロジェクトは、あやめが多摩美とアメリカで勉強してきたことすべてが役に立ちました。あやめの昔の彼の友人たちのラ

グビー部のOB達や芸大や多摩美の友人達が講師として参加してくれました。

　私は、海外での展覧会などの予定が忙しく、陸前高田には行けなったので、ささやかながら差し入れを続けました。あやめが、がんばって支えていた高田高校の朝カフェも応援しました。五百羅漢の資金集めに苦労していたあやめに協力して、Tシャツのプリントのための絵を送らせて頂きました。日常に流されてしまいがちな東京に住む私たちに、そんなチャンスが与えられて感謝しています。

　5年間の羅漢プロジェクトで、いろいろな苦労も葛藤もあったことも知っています。参加した皆さんも私たちも、五百羅漢制作を通して、人の真心が集まって芸術療法が世界を変える体験をしました。震災の中に光がてらされたのではないでしょうか。

　私たちは、出会ってから30年以上経ちました。私たちは、ずっとずっとお互いを尊敬して仲良しです。今でも年に1度ぐらい銀座の個室のお料理屋で、懺悔の夕食会をもち、1年間の

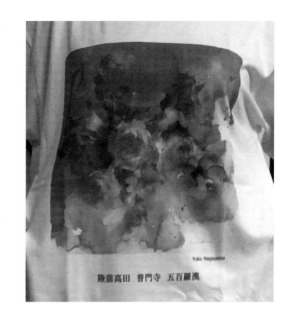

陸前高田　普門寺　五百羅漢

やばい話をしてお互いを許しあいます。どんなにふざけていても真面目な話もします。被災地の皆さん。私はずっとあやめと共に祈り、復興を願っています！　みんなの気持ちがこんなに入っている五百羅漢は、きっと陸前高田やみなさんに幸せを運んできます。

　God Bless You.

Tシャツ　原画

今井陽子

星合博文

注：原画はカラーですが、紙面の都合上モノクロで掲載しています（他ページの画・写真も同様）。

梟（ふくろう）

井出　潤子

　私は佐藤文子さんの多摩美術大学の同窓生です。文子から「普門寺で五百羅漢を作るから、潤子お願い！　何でもいいから来て手伝ってほしいの。資金集めのTシャツやお土産ショップの手伝いで良いから」という連絡がありました。行ってみたら、石も彫ってくれないかということになり、卒業以来30数年ぶりに石を彫りました。できるか心配になり、「私に彫れる題材は何か？」と必死に考え……石を選んで……形をみてぱっと"ふくろう"だなと思いました。鎮守の森の鳥の意味を込めて彫り進めていきました。

　ある程度形が出来上がってきた時、人の形には見えない物を彫っていたのを不思議に思った

のでしょうか、私の前方で彫っていた女性に声をかけられました。

　「なにを彫ってらっしゃるのでしょうか？」
　「ふくろうです」

と答えると、その女性は目を輝かせて「亡くなった娘は、ふくろうが大好きでした」とお話下さいました。

　その女性の娘さんは、きっと私達の傍にいたのだという気がしました。私は、その娘さんに"ふくろうを彫って"と囁かれたような気がしたような不思議な感覚に襲われたのを覚えています。これが、私の羅漢像を彫った時の体験です。

　それぞれの思いを込めて彫られていく羅漢像は、亡くなられた方々の怒りと悲しみ、無念さなどあらゆる思いと、残された方々の悲しみ、悼み……さまざまな思いを詰め込まれ、この場所に設置されました。しかし、和尚様に魂を入れられた後は、私達が石に込めた様々な煩悩が浄化され羅漢さまになったのだと思います。五百余の羅漢がそろった現在、参道の一部として時代と共に風化していき、形を変えつつ、忘れ去られることなく、時を刻み粛々と皆様の気持ちや想いが伝えられてゆくことであろうと思います。

陸前高田での出会い

宮城県仙台市　美術教諭
佐々木 秀夫

　私は、次男と一緒に今回の陸前高田市普門寺で行われた五百羅漢像制作の講師として参加させていただいた。私は、佐藤文子さんと多摩美術大学で同級生でした。現在、高等学校で美術教諭を勤めるかたわら、平成24年3月から地元宮城県を中心に「復興へ！高校生が架ける虹のアートプロジェクト」の企画を担当し東日本大震災の被災地で高校生の美術による支援活動を行っている。次男は、宮城県芸術協会の彫刻部会員として、同時に私立高等学校美術・デザイン科の非常勤講師として彫刻の指導にあたっている。

　2011年3月11日（金）14時46分。突如襲った東日本大震災は、国内最大を記録したマグニチュード9、最大震度7、その後に発生した未曾有の巨大津波、そして福島原発の崩壊により東北地方沿岸部は、その風景を一変させた。私の自宅がある仙台市若林区かすみ町から車で10分程度の沿岸部の荒浜地区は壊滅状態であった。しばらくの期間、近くではあっても海沿いに行く気にはなれなかった。そこで起きていることを直接目にするのが怖かった。それまでの青い海、緑の松林に囲まれた風光明媚な沿岸部。その記憶が鮮明なだけに、その場に立つことさえ避けていた。陸前高田の普門寺で大震災後から続けられた五百羅漢像の制作プロジェクトに参加するために、仙台からの道中、南三陸町や気仙沼を通り陸前高田に入った。想像はしていたが、陸前高田の風景も一変していた。しかし、思いのほか海は穏やかで美しかった。

　普門寺の境内で、一心不乱に思い思いの羅漢像を彫り進める方々とお会いした。ほとんどの方々は石を彫るのは初めてで、道具の使い方から彫り方まで、講師の先生方が丁寧に支援されていた。どんな表情の羅漢像にするか、石をどこから彫り始めるか、悩みながら制作されていた。遠くは九州や関東など他県から参加していた高校生や大学生の姿を見たとき、大震災の記憶を次の世代につないでいくことの意味を考えさせられた。

　地元の方々も参加されていて、羅漢像を彫りながら様々なお話しをうかがうことができた。普門寺の檀家でもある方からは、本堂内も丁寧に案内をしていただき、東日本大震災直後の陸前高田の様子や普門寺での出来事をお話しいただいた。ご自分が彫られている羅漢像についても、どのような思いで石と向き合い、羅漢像に込めた願いも教えていただくことができたのは、私にとって貴重な機会であった。

　今回完成した五百羅漢像は、陸前高田の普門寺の境内で、これからも被災された方々にとって心の支えとなり、未来に向けてのモニュメントとして後世の人々に大切なメッセージを残すことになると思う。100年後に甦生した五百羅漢像が、制作に携わった方一人一人の思いを伝えてくれると信じている。

普門寺の五百羅漢制作

荒井　涼子

美術大学入学のために通っていた予備校の講師に五百羅漢制作のプロジェクトに参加しないかと話しをいただいた。作業を進める準備をしたり、参加者に道具の使い方を教えたりという人手が必要という事であった。彫刻家の役割は観察し刻み残すことだと思っている。彫刻に携わる者として兎に角現地に行き、現実を目に焼き付けなくてはという思いと、ただ漠然に何か出来ないかという思いの中で頂いた話しだったので直ぐに参加を決めた。

一年目は一人、夜行バスで向かった。町であった場所は空漠であった。震災から二年経過していたのだが、4階まで窓ガラスの無い空洞のマンションには瓦礫が残り、路の上には船の底の錆びた赤が見上げる位置に横たわり、信号の無い道路は真っ暗であった。そこに立ってみて、出来るだけ私情を挟まないことを自分に課した。いくら柔らかい石とはいえ五百体の

石像を彫るというのは途方もないことに感じられたが、実際に普門寺で石を触り作り始めると石と場所の魅力で、達成可能な数だと感じられた。初めて石を彫る方々も最初は戸惑っていたが、石に触れ彫り始めると、カーンコーンと軽快な音を木々に響かせ早い方は二・三時間で見事な羅漢さんを完成させていった。初年度は五十体を超える多様な羅漢さんが参道に並んだ。この石は百年でも風化が少なく作った形が残りやすい種類だという。参道いっぱいに朽ちることなく並ぶ苔むした羅漢さんを想像した。このプロジェクトにぴったりな石であった。私はこの年耳に手を当て普門寺の山門に彫られている鳥をモチーフにしたものを背負った『聞いてくれる羅漢さん』を彫った。

二年目から石を選び彫り始めると直ぐにイメージが固まり、少し向き合うと形になるようになった。その瞬間、瞬間は不思議な時間であった。参加された方々も、少し道具の使い方をお話しするだけで黙々と石に向かいどんどん完成させていった。石を打つ音が自然の音と溶け合い頭でっかちになった私の頭の角をどんどん丸く削ぎ落してくれる様であった。この年は沢山の動物達のことを思い雲から龍が昇って

いくような形の『犬の羅漢さん』を彫った。

　三年目は震災から五年目の年、熊本の地震があった年でもある。この頃から毎年眺めているだけだったけど、今年は参加してみようと一緒に彫ってくださる方々も出て来た。このプロジェクトが少しずつ認識され、受け入れてくださっているんだなと実感できた。この年は皆を背中に乗せどこまでも飛んで行ける様な『鳥の羅漢さん』を彫った。まだ信号の無い道がたくさんあった。この年は母（荒井睦子）も参加した。母は犬が寄り添っている羅漢さんと顔のみの羅漢さんを彫った。母は、その場に立たないと分からないことがある。立ってみても見えないものが沢山ある。行動し、このプロジェクトに参加して、心と体が何かを感じ自然と合掌できたと言っていた。

　四年目の年は震災から六年。七回忌の年。この頃からやっと家族を彫りたいと思えるようになったと、来られる方が増える。時間が流れて

いることを実感した。それぞれとても優しい羅漢さんを完成させていく。私はラッパを吹く『告げる羅漢さん』を彫った。

　五年目、羅漢さんは五百体を超えた。この年は石にある形のままの羅漢さんを彫った。五百体目の羅漢さんを並べ、参道を見下ろすと私の思っていた彫刻の機能を超えた風景が広がっていた。

　普門寺の羅漢さんは百年でも二百年でもそこに在り続ける。目を閉じるといつでも普門寺の羅漢さんが現れる。これからの私の生きていく上での、一つの指標になった。―合掌―

記憶の置き場所

友松　亜紀子

　私が初めて東日本大震災のボランティアに参加したのは、震災が起きてから3ヶ月ぐらい経ってから、当時、勤めていた会社で募っていた個人情報をパソコンに入力するという女川でのボランティアでした。病院のカルテなど紙面で管理していたものは流されてしまい、被災者の現状や情報は用紙に記録し、管理目的と復興に役立てるためにデータ化する作業でした。女川へは夜行バスで向かいました。数十回もニュースで震災の現状を目にしましたが、実際に広がっている風景は想像以上でした。震災から数ヶ月は経過していたものの、瓦礫の山、横たわったビル、町中にある船。ヒトは想像以上のことが起きると、どこか遠い世界の出来事のような、リアルとして認識し難いものですが、これが日本で起きた現実なんだと鳥肌が立ったことを覚えています。限られた時間での作業だったので、ひたすらパソコンに文字を入力しました。悲しい気持ちになっている暇は

ないと、言葉の意味を意識しないように文字だけ追うようにしていましたが、被災者の現状が入ってきます。両親を亡くし、兄、弟の2人きりになってしまった子どもたちの精神状態。まだ子どもが見つかっていない女性の避難場所。仮設住宅の不便さや現状。厳しい現実と、それでも生きていかなければならない人々がいると、改めて実感しました。

　このような状況になったときに、ヒトに必要なものは生きるための充分な衣食住であって、アートって無力な気がしました。

　それから2年以上がたち、震災のニュースも落ち着き、関東でも震災前と変わらない日常が戻ってきましたが、自分もアートで何かできないかとずっと気になっており、友人から陸前高田「未来への記憶」プロジェクトのことを教えてもらい、2年目から参加することにしました。大学の時に石彫をやっていた私には、石を通して復興へのプロジェクトに参加できたことは貴重な経験であり、また東北の地で復興していく様子、被災者の方とお話をすることで、「アート」の無力さを感じつつも、ヒトの心の奥に「寄り添うアート」という無力こその価値が具現化されている気もしていました。

　一番、印象に残った参加者は50代の男性の方。奥様を津波で亡くされたそうで、その奥様

を彫りたいとご家族で参加されました。震災で
突然家族を亡くすということが、どれほど辛い
ものか、想像もつかないほどの悲しみを抱えて
いたことと思いますが、その男性もご家族も楽
しそうに石を選び、彫り始めました。奥様の写
真と石とを並べ、美人に彫りたいと石に下書き
を始めました。もちろん、彫りやすい柔らかい
石ですが、粘土のように成形が簡単ではありま
せん。それでも写真の中の奥様、記憶の中の奥
様の表情や声、質感を思い出されながら、石か
ら奥様を少しずつ少しずつ彫りだしていく作業
の様子に温かさを感じました。そして、初めて
石を彫るということは、特徴や思いがシンプル
に石に伝わり、簡単には形がでてこない石彫で
あっても石はその想いを受け止めてくれる気が
しました。

　2017年の夏、参加したときには仮設住宅を
利用されている方も減り、毎回、陸前高田を訪
れる度に、復興が進んでいることを実感する一
方で、現地と自分の生活のギャップもまだまだ
埋まるわけではありませんが、悲しみや辛い想
いを抱えていながらも前に進むには、忘れると
いうことではなく、その想いや記憶を置いてお
く、犠牲者を悼むことを記憶させておく場所が
必要なのだと思いました。

　どの石仏も安らかな、優しい顔をしていま
す。アートを通して、参加者の犠牲者を悼む想
いがかたちとして記録できたことは震災の事実
と悲しみの想いと今を生きている人々の強さを
未来に向けて届けたのだと思います。これから
も多くの方にそれを感じて頂き、また、さらな
る未来に想いが繋がっていくことを願います。
ヒトの尊さや儚さを素直に表現できることが、
アートの力（芸術療法の力）だと感じました。

普門寺五百羅漢制作に参加して

石川　麻

2016年、2017年のお盆時期、多摩美術大学の前田忠一先生のお誘いで、陸前高田市の普門寺で行われた五百羅漢に、木彫室の先輩方と一緒に初めて参加しました。

これらの体験をひとことでいうと、「出会い」でした。地元の方や参加された方々、色々な方々と出会うことができ、本当にすばらしい体験をさせていただきました。

以下の文章は、2016年に参加させていただいた時のものです。

「この普門寺というお寺は、海を見下ろす小高い上にあり、門前の並木道の風情や佇まいが素敵なとても立派なお寺でした。檀家さん方のお手入れが行き届き、すごく大切にされているお寺だという印象を受けました。山門をくぐり、本堂の方へ進むと、石を彫るテントが見えてきました。

境内には三重塔などもあり、敷地もとても広くて、立派なお寺です。

石を彫るのは学生のときの実習以来。使用する石は砂岩（抗火石）でとても彫りやすい石でしたので、お子さんも彫ることができました。地元の方をはじめ、遠方からも多くの方々が、参加されておりました。それぞれ、思い思いのかたちを一心に彫られておりました。彫られるものは、仏さまをはじめ、猫などの動物もあり、遺影を手に参加される方も多くいらっしゃいました。石にご家族の姿を投影されるお姿に、ぐっときました。私たちは、石を彫るお手伝いをさせていただきました。完成後、眼下に見える緑の苔のある、好きな場所に彫った作品を置いて終了です。

私もおたふくを完成させました。被災者の方々が優しい気持ちになってほしいと思いふっくらした形の物を造りました。

宿泊は、木彫室の佐藤文子先輩が住まわれていた、仮設住宅の一室をお借りして、寝泊まりしました。合宿のようで、とても楽しかったです。お世話になった仮設住宅ですが、必要最低限の設備で、壁もとても薄いです。冬はとても寒そうでした。

この仮設住宅、高校のグラウンドに建っていて、近々取り壊しになるという話でした。仮設住宅には、まだ住んでらっしゃる方が数名いらっしゃったようですが、取り壊し後の行き先はまだ決まっていないという話を聞きました。

その仮設住宅と同じ敷地にある、無料のコー

ヒーショップがありました。仮設住宅の方がボランティアでふるまってくださいます。この日は実は、このコーヒーショップ最後の日でした。これも何かのご縁、そんな日に立ち会えたことはしあわせでした。

わたしたちは、帰る前に、あの有名な一本松を見に行きました。

この一本松は、樹脂で作られたレプリカです。モニュメントというかたちで残されているようです。背景には、津波の当時のままの、建物が見えます。

あたりは、海辺ですが、何もありません。道を車で走っていると、ガソリンスタンドの看板がありました。そのてっぺんくらいに表示がありました。『この位置まで津波がきました』と。十何mの高さでしょうか、とてもとても高く、こんなに高い波が来たのかと。その時もしこの場に自分がいたら。絶望的な高さに感じられました。

街は、まだ復興の最中でした。5年も経つのに！です。海辺はおろか、市役所すらまだ仮設です。お店なども仮設でした。食べ物屋さんなどのお店は、着いた日に何か食べよう、とお店を探したのですが、店構えが、こちらでよく見るお店とは異なっていたため、見つかりません。というより、視界には入るのですが、お店と認識できなかったのです。こちらの認識不足です。仮設ですから、看板がないのです。どの建物も一様に白い仮設住宅です。

また、現地へは車のナビを使っていきましたが、そのナビの告げる道がないのです。道がな

い。海辺などは電灯もなにもありませんから、夜は真っ暗です。」

新聞やテレビの報道だけを見ているのでは分からなかった、現地に行かなければ分からなかった様々なことを、体験させていただきました。

普門寺の本堂内にあげられていた教えが心に響きました。

「鳥は飛ばねばならぬ、人は生きねばならぬ
毛虫が蝶に変わる　わたしも変わらねばならぬ」

普門寺さん、参加者の皆さま、岩崎さん、お世話になった皆さまがた、本当にありがとうございました。

羅漢像を彫る

久門　裕子

　初年度より講師を務めていた友人の紹介で、2016年に初めて岩手県へやって来ました。未だ電車は再開しておらず、一ノ関から電車とバスを乗り継いでの普門寺への道のりでしたが、爽やかな空気と自然の瑞々しさに心身が洗われました。しかし広々とした荒涼な陸前高田の海岸が見えてくると、なんとも表現し難い感覚になったことを覚えています。以前、縁あって震災の1年後に津波の傷跡が生々しく残る宮城県に行ったことがあります。当時はまだ倒壊した建物や瓦礫の山がそのままに、出会った人々は仮設での生活をスタートしたばかりでした。それから長い年月が経ち、また東北の地を訪れる事になりましたが、瓦礫がなくなり草が生い茂っても元には戻らないのだと実感しました。かつては田畑であった場所も、

波を被ればもう使い物にはならないと教えてくれたのは地元の方です。

　普門寺や仮設住宅で出会った人々との会話の中に忘れられない言葉がいくつもあります。高田高校の仮設では朝カフェが開かれていました。入居者が減ってカフェは閉じる事になったと聞いていましたが、朝カフェのおじさん達はにこにこしながら「まだここは終わっていないよ、コーヒーの粉がある限りやるんだよ！」と力強く言いコーヒーを淹れてくれました。

　普門寺には地震後多くの仏像が奉納されています。その仏像と私たちが作る五百羅漢の数を足すとちょうど津波で流された方と一致するそうです。お寺の裏にはたくさんの方を祀った供養塔がありました。案内してくれた寺守りのおじさんは「ここは何でも受け入れる、宗派関係なしに、震災関係なしに」と呟きました。遠く九州に住んでいる私はよそ者でしかなく、その土地の圧倒的な悲しみに返す言葉などありません。ただただ石を彫り、祈りを向けるだけでした。

　古来より日本は天変地異が多く、死が日常的であった時代に五百羅漢は供養のため数多く作られてきたと聞きます。今現代において羅漢像を制作する事がどれ程の意味を持つのかは分かりません。はっきりと目に見える支援やボランティアではないし、今すぐに結果として分かるものでもないからです。けれど参加者の人々は皆、笑った像を彫っていました。様々な人が日本各地から訪れていましたが、皆一様に明るく笑顔であったことが心に残ります。中には悲しみを胸の奥にしまい笑っていた人もいたでしょう。五百の羅漢像には多くの人の他を思いやる心や祈りが詰まっているのです。羅漢像制作を通して未来に向けて私たちが出来ることの一端を担わせて頂いたと信じたいと思います。

　最後になりましたがお世話になった普門寺の住職、地元の方々、羅漢制作スタッフの皆様に感謝申し上げます。

五百羅漢への願いから

衛守 和佳子

　私が、五百羅漢のボランティアに参加したのは、震災から五年たった 2016 年の夏でした。私は多摩美術大学の彫刻科を卒業しております。震災以降、釜石、南相馬、飯館、浪江町、二本松、会津などを訪れ、地元の方とお話をすることを続けていました。福島の子どもたちのサマーキャンプの運営や、原発についての映画会を主催するなど活動しておりました。大学時代の先輩から、陸前高田で羅漢像を彫る講師のボランティアがあることを聞きました。なにか、もう少し自分ができることをしようと思っている時の出会いでした。

　実際に五百羅漢の講師のために訪れた陸前高田は五年もたったのに、津波でえぐられたままの海沿いなど、まだまだ厳しく悲しい場所でした。滞在中、台風が来ました。道路は急に水が流れ出し川のようになりました。雨が降ると川ができてしまうのだそうです。通行できなくなった時は、恐怖を感じました。生活圏の整備が、不十分であることも実感しました。まだ手付かずのところが多くあり、住民の方々はその中に暮らしながら町を再建していることを肌で感じることができました。

　このような状況の中だからこそ、五百羅漢の制作をはじめた普門寺とプロジェクトの皆さんの思いに改めて心から敬意を感じました。羅漢制作の現場では、石を彫るのが初めての方が多く、寄り添って石を彫り込んでいく時間がとても緩やかに過ぎていきました。ご家族のお写真を見ながら石に面影を彫っていらっしゃる方々と共に過ごす時間は、私にとっても貴重なひとときでした。思っていた以上に参加されていた地元の方々の明るさに、私たちの方が元気を頂いたように感じることもありました。

　普門寺の境内に続く参道の杉木立の中で石ノミの音が、響いていました。五百羅漢が、震災でなくなった多くの方々や、ここを訪れる人々の心を癒してくれることを願いながら、私は少女の顔を彫り続けました。未来は子どもたちのために……未来に幸をと……。

普門寺の夏

彫刻家
前田 忠一

大学の後輩の佐藤文子さんからのお願いで、2015年、講師として陸前高田の普門寺に伺いました。五百羅漢成就まで、あと二年はかかるということでした。ひとくちに五百と言ってしまえばたいしたことはないのですが、石彫で五百作品制作するのは大事業だと思いました。境内には、すでに前年作られた羅漢が境内に並んでいて、作者の思いの深さが感じ取られました。

忘れられないのは、石彫の指導に関わった最初の参加者の言葉でした。「この3年間は、五百羅漢を彫るなんて気も起きませんでした。」震災で亡くなった人のためにやっと何か行動を起こそう、前を向くために自分は何をやればいいのか煩悶する姿がそこにありました。

さて、お寺の境内に貼られたテントの中での石彫制作については、材質はそれほど硬くない石でしたが、かといって軽石、滑石のような容易に彫れる石でないにもかかわらず、来訪者の方々は、たどたどしくも熱心に石と向き合い彫られていました。もちろん作品の優劣を言うのではなく、ノミのひと彫り、ひと彫りに祈念の思いが込められたものでした。

我々の仕事は、石に対してどのようにノミを入れるか、参加者が、どのような形にしたいかの思いを支えて、形を少しまとめてあげること

でした。途中、雨が降り、蒸し暑い中でも、皆さんは一心不乱に彫られていた姿が今でも脳裏に焼き付いています。

私どもの寝泊まりは仮設住宅でした。玄関を入ると台所があり、左手にユニットバスとトイレ。奥に四畳半二間といった間取りでした。狭いというのが第一印象ですが、たくさんの方々が住まわれているにもかかわらず、近所の生活音があまりせず静寂でした。皆さんがお互いに迷惑をかけないようにと、音も気にしながら暮らしているのがわかりました。大人四人で生活するとキチキチで、少々ストレスを感じました。このような環境の中で何年も生活していらっしゃる被災者の方々の苦悩を僅かばかりでも知ることもできました。

羅漢制作の指導ボランティアとして、被災者の心に少しでも寄り添えたこと、現実の被災地の生活を垣間見たことは、東京に住んでいる私にとって、かけがえのない体験でした。招聘してくださった関係者各位皆様にお礼を申し上げます。

黒御影石の「五百羅漢」石碑／Ｔシャツ等の販売の様子

VIII

プロジェクトメンバーの想い

土の便りⅡ　　今井陽子

五百羅漢制作を体感して

臨床心理士・公認心理師
新宮 古都美

被災地となった三陸地方には"目は臆病、手は鬼"という言葉がある。山のような仕事量を目の前にして怯んだり気後れしそうになった時、ひとたび手を動かし始めればいつかやり遂げるということを意味する言葉だ。私は震災後にその言葉を知った。被災地支援をしていた時、被災者の方が目の前のことをひとつずつ粛々とおこなっている姿にこちらが力をもらったことが幾度もあった。それこそ山のようながれきが片付いたことも、五百羅漢がついに完成したことも"目は臆病、手は鬼"だったのではないだろうか。

私は五百羅漢制作プロジェクトの最後の年にスタッフとして参加した。初めて訪れた普門寺には緑色の苔の絨毯の上にずらりと、あと少しで目標の500体に届くという石像があった。いろんな想いが込められて作

られた石像は個性的で、どれも穏やかな優しい表情でたたずんでいる。なんとも言葉にならない思いがこみ上げてくる。私は石を彫るのが初めてだった。いびつなゴロンとした石の塊を何度も何度も打っていくうちに、次第に形が浮かび上がってきて、石に表情が見えてくる。金槌を持つ手が疲れて顔を上げると、みんな汗を拭いながらカーンカーンと石を打っていた。全員にそれぞれの背景があり、ここにいる理由も様々だろう。黙々と石を打つ作業は個人プレーなのだけれど、今ここにいる人たちはみんな震災のことを思い出しているのだろうと思うと、まるで輪の中にいるような気持ちになった。暑くて汗が止まらないのに、不思議と心地よかった。

石と向き合いながら、自分と向き合う。震災を経験した日のこと、それからのこと、大切な人たちのこと。手を動かしながらこうしてセル

フダイアログができるのは、様々なアートセラ
ピーに共通の効用である。そして、硬い石には
悲しみや怒り、強い想いを存分にぶつけること
ができる。サンドバッグを叩いて胸がすっとす
るような感覚に少し似ているだろうか。金槌に
想いをのせて打ち込むことが、震災で傷ついた
心のセラピーになっていることを実感した。

　私は今年の夏に佐藤さんと、サンフランシス
コで開催されたアメリカ心理学会で五百羅漢
制作プロジェクトについてポスター発表した。
様々な国のたくさんの方が、このプロジェクト
に興味を持ち、発表を見に来てくださった。こ
の五百羅漢はアートセラピーとしての役割だけ
ではなく、大切なものを失った人の拠り所とな
り、さらには観光客の流れに変化をもたらし地
域活性化を促している。この素晴らしいプロ
ジェクトのことを、これからもたくさんの人に
知ってほしいし、伝えていきたい。石像は500
年もつという。戻らないあの日も、今日という
日もいつか大昔になっても、この五百羅漢がた
くさんの人の想いを後世に届けてくれたら嬉し
い。

　五百羅漢の制作も、アメリカでの学会発表も、

とても貴重な経験だった。声をかけてくださっ
た佐藤さんには心から感謝している。佐藤さん
は親子ほど歳の離れた私に友人として親しくし
てくださる。私は人としても臨床家としても彼
女のことを尊敬している。500体完成までの彼
女の道のりは易しいものでなかったことは想像
に難くない。本当にできるのだろうかと思える
ような目標を掲げ、持ち前の行動力と求心力と
明るさで陸前高田のために一歩一歩プロジェク
トを進めた佐藤さんと、そこに集まった人たち
の“手”は“鬼”だったはず。どんな困難を前
にしても、人の手というのはすごいものだ。

心 の 軸

　母がこのプロジェクトのリーダーであったの
と、私自身が仮設住宅に住み、横田小学校に勤
務していた縁があり、私は2013年から陸前高
田・五百羅漢プロジェクトにスタッフとして関
わらせてもらっている。

　仮設住宅の生活は、その名の通り「仮の住ま
い」であり、とても暖かい家と言えるような状
態ではなかった。冬は海から遮るものもなく冷
たい海風が吹き付け、地面に直に敷かれた部屋
は凍えるように冷え切り、夏は通気性の悪い建
てつけのせいで湿気がひどく布団にまでカビが
生える。友や家族を失った悲しみを抱えたま
ま、過酷な仮設住宅の生活を送り、それでも前
を向こうと、皆笑顔を絶やさず寄り添って暮ら

していた。そんな健気な人々のために少しでも
役に立てればと、私はこのプロジェクトに参加
した。

　木々や建物がすべて流され、埋め立て工事の
トラックが行き来する砂埃が舞う海辺を見守る
ように、普門寺は佇んでいる。盆の蒸し暑さの
中、遠方から来て休まず働く講師の彫刻家の先
生方のために、資金繰りが大変だったこともあ
り、地元の方々からの差し入れを使い、お昼や
夕飯の準備や受付の業務など、手が必要なとこ
ろでは何でもこなした。

　被災者の方々と共に、私自身も少女の像、陸
前高田の名産であるリンゴを持った尼など、何
体もの羅漢を彫らせてもらった。汗を流しなが

らしゃがみ込んで無言で石を叩く。こみ上げて
くる言葉に表せない怒りや悲しみを込めて腕を
振り下ろせば、弾けて砕ける石と共に心が浄化
されていくようだった。

　一緒に暮らして時間を共にしていても、私
は被災した人々の痛みを共有してあげること
も、背負ってあげることもできない。もどか
しさを抱えて過ごしていた私に、このプロジェ
クトは、自分の気持ちを行動に表す機会を与

えてくれた。

　年数を重ねて、苔むし、普門寺と一体化して
いく私の羅漢たちは、私が陸前高田で過ごした
経験やここで感じた思いが、どれだけ時が経っ
ても、いつまでも私の一部であることを思い出
させてくれる。陸前高田での生活とこのプロ
ジェクトの経験は、私の中で確かな軸となって
いる。

五百羅漢によせて

佐藤　保

　2011年3月11日14時46分。東京の会社で業務にあたっていた。大きな地震だった。

　社内はほとんど被害が無かったが、周辺交通機関がマヒしていたので帰ることも出来なかった。会社で夜を明かした。次の日、ニュースの映像で被害の大きさを知るが、直接被害を受けていないので、まるで別の世界の出来事のようだったのが正直なところであった。自分に何ができるのか模索しながら、東京での日常が始まり何をするでもなく日々が過ぎ去った。

　2015年にアヤメ（佐藤文子）から何十年ぶりに突然電話が入る。「保の参加決めたから、お盆の時期参加で」と、相変わらずの強気とアメリカ帰りの変な日本語で結論を先に言う。何のことやら解らなかったが「はい、はい」と返事をした。良く話を聞くと、震災で亡くなられた方や行方不明の方の為、供養を目的として7回忌までに500体の羅漢さんを完成するから助けてほしいとのこと。

　正直なところ、今までの自分の人生はまともで無いと思っていたので、参加をすれば少しはマイナスが取り返せるかな？という気持ちもあり参加に踏み切った。2016年と2017年の2年間事務局として参加した。

　2016年の夏、現地に到着してみると穏やかな海が広がっている。海がとても近い、まだ海の色が黒かった。この海が迫ってくることを想像すると怖かった。陸前高田の街全体は震災から数年たっているにも関わらず、まだまだ復興はしていなかった。仮設住宅も沢山あった。我々外から来たものには本当の恐ろしさや悲しみは理解することは出来ないのかもしれない。

　陸前高田の現実を目の当たりにして「自分の人生のマイナスを少しでも取り返せれば」という思いから「少しでも何かの役に立てれば」という気持ちに変わった。

　初めての参加の年、今まで石を扱ったことのない人たちに彫り方を教えた。

　自分も鑿と玄翁を持つのは30年ぶりくらい、案の定、彫ってみると玄翁で手を叩いている自分が居た。親指の付け根が赤くはれた（笑）。少し経てば慣れてきたが、「自分は人に教える程の力量はあるのか？」「参加者はそれぞれの想いで制作されるので、その様な方々にどの様に声がけすればよいのだろうか？」という自問がわいた。指導をしながら自分も羅漢を造った。制作が進むにつれ「頭で考えるのではなく、石との対話を心掛け、上手に造るとか、人の目を気にするとかは関係ないのだ」という想いが浮かんできた。そして、参加者に基本的な道具の使い方と同時に、石との対話の大切さや、上手とか下手だとかは関係ないことを話した。自分の役割は、制作者の羅漢の良いところを見出し誉めて気持ちを支え、極力手を入れないで制作者自身が自分で何とか形にしていくことを助けることだ。「人に教える事は自分も省みること」というのは本当の話だと思えた。

普門寺での羅漢制作は単に石彫を彫る行為では無い。それぞれの想いがあり彫られた羅漢に可否はつけられないのだ。どれもそれなりにオリジナリティがあり生きている、想いが伝わるものが出来上がっていった。ここは私にとって「人の役に立つ」ではなく、自分自身の内省の場となった。

あわただしく1年目も終わる。実際サラリーマンでサービス業であり、お盆の時期は休みにくい。しかし、2年目は本格的な事務局として参加することにした。

数ヶ月前からの打ち合わせも終わり、最後の年は事務局でこまごました仕事をした。

しかも会期中の〆の後半参加。彫る事よりもスムーズな運営に携わる。最後の年という事で彫刻家の諸先輩方の参加もあり実技的には何の心配もなく五百羅漢が出来上がり終了した。

あれから、1年が経つ。考えることがたくさんあり思いが錯綜する。何のために誰の為に参加したのだろう、震災だから？　自身の為？　ボランティア精神？　多くの参加者。多くの羅漢。普門寺にこれから半永久的に存在する。誰が携わり、誰が何のために、何を思い彫ったか？　数年たてば忘れられてしまうかもしれない。それは震災の出来事と同じようにだんだんと薄らいでゆくのかもしれない。忘れて良いもの、忘れてはいけないもの。自然災害を教訓としてこれからどの様に対処してゆくのが重要なのであろうか？　単に供養のために羅漢569体が鎮座するだけではなく、後世に伝える礎となる必要があるのか？　人間の行うことは、地球規模で考えれば小さなことかもしれない。個人の満足、参加した意義、その場に居た事実、その足跡を残した事実。それらは大切？　悩める自分。自然災害は神様が人間に対して与えた教訓と言う人もいる。無差別無作為に与えているのではないかと思う。与えられた人、そうでない人と考えるのは人間の勝手な解釈ではないのか？　一個人として人生を生きていく、生かさ

れている現在。誰かに必要とされる。誰かを必要とする。そんなことで生きていく意味を見つけることしかないのかもしれない。そんなことを考えた。

自分は、このプロジェクトに参加して「震災で亡くなられた方々から必要とされたのかもしれない」。実際に出会ってはいないが、どこかできっとつながっているのかもしれない。形があり見えるものではなく、見えない知らない方々だが、自分たちの鎮魂の想いはきっと伝わっていると信じたい。それを伝えるための五百羅漢なのか？　志をもって発起人となり始めた方々はそれらに突き動かされたのかもしれない。不思議なことなんて沢山ある。何百年も先に、未来の人々が五百羅漢を見て何を想像するのか？　楽しみだ。そのころには誰が制作したものか解らなくなっている。

「自分のマイナスを少しでも取り返せれば」という思いが「少しでも何かの役に立てれば」に変わり、最後には「犠牲になったあなた達と、このプロジェクトに参加した私たちは、いつまでも繋がっているのだよ。いつまでも、いつまでも。」と石を打つ自分がいた。そして、このプロジェクトに参加した家族を亡くした方々も、繋がっているのだと感じてくれると嬉しいと願う。震災で亡くなられた方にお悔やみを申し上げるとともに。

舟越保武先生と五百羅漢と舟越桂さん

心理学博士（米国），アートセラピスト（米国）

佐藤　文子

　暗黒の闇というのはこういうことを言うのだろう。闇は底がないように暗く海からの風は人々の泣き声のように響く。海沿いの国道は、まるで死者が並んで歩いているような夜だった。自分が道を運転しているのか、黄泉国を運転しているのか解らない。街灯はなく、人々は天をつかみ、握った指から血が流れてくるような悲しみに包まれているような夜だった。流された生活が粉々になり、山積みになっている物の間から、誰かが私を見ているような気がする。

　大きな涙が、あふれ出した。私のその時の涙は夜の黒さと同じ色だったと思う。その日、私はたくさんの被災したかたがたの悲しみを聞き、自分では抑えきれないほど孤独で寂しく、悲しかった。疲れていた。

　細い道で車を停めて泣いた。今までの自分の

人生が一気に流れ出した。誰か優しい人に包まれたかった。

　その時、舟越保武先生を思い出した。

　「あ～舟越先生がいない。舟越先生　本当に死んじゃった。本当にいない……電話もつながらない」と思った。先生が教えてくれた彫刻で、被災で傷ついた人達に羅漢さんを造ってもらっている。私が岩手で岩手の人のために頑張っている姿を見てくれていたら、どんなに褒めてくれて喜んでくれただろう。あの大きな、指の長い手で「よく頑張っている」と頭を撫でてくれたと思う。

　作家にならなかった不肖の弟子の、今までの人生の話を喜んで聞いてくれただろう。どこかのレストランで、先生はお酒を飲んで、私はケーキを食べて。パイプをくわえながら、ニコニコしながら。何時間も私の話を聞いてくれた

だろう。

　舟越先生は、私がアメリカに留学中にお亡くなりになった。私は、信じたくなかったので、「私がアメリカにいるから少しだけ会えないだけ」と言い聞かせ、私の中で、舟越先生はずっと生きていた。

　だけど、その夜、舟越先生の電話番号は私の携帯のどこにも無かった。舟越先生にもう会えない。あの、愛情に包まれるときはもう無いのだと、葉巻の匂いも、ボソボソと話すあの声も、もう二度と手に入れることができない。この暗闇から私を守ってくれる先生はいないのだ。また、涙が溢れてきた。にがかった。

　どうしても保武先生のことを話したくて、息子さんの舟越桂さんに何十年ぶりに電話をかけた。「桂さん。舟越先生はずっと私の中では生きていらっしゃって、しばらくお会いできないだけだと自分に言い聞かせてきたの。だけど、舟越先生がいないの。本当に亡くなっちゃったの。今日、私の中で先生が亡くなったって思わなくちゃいけない日になっちゃった」

「親父は26聖人[注]が亡くなった日に、家族に囲まれて静かに息を引き取ったよ。良い最期だったよ。だから、そんなに泣かないで、悲しまないで。文子さんのことを親父は見ているよ」と突然電話をかけた私に桂さんは優しかった。

　「五百羅漢を見てほしかったの。先生に褒めてもらいたかったの」と話しました。

　「僕が親父の代わりに陸前高田に行ってあげるから。僕が代わりに羅漢さんを見に行くから、そんなに泣くな」と、何十年ぶりに話した桂さんは、お父様の舟越先生とおなじ大きさの懐で私の孤独や、寂しさや、悲しさを受け止めてくださった。

　どうやって、自分の仮設まで運転していったのか覚えていない。深い深いこの暗い道を行けば、舟越先生に会えるような気もした。桂さんの優しい気持ちが私の心の灯になり、暗闇を照らしてくれて仮設までたどり着いたのだろうか。その夜は、何ヶ月ぶりに仮設の隙間風の部屋で深い眠りについた。

　それから３年たって、海外での展覧会を終えた桂さんは、陸前高田に来て、五百羅漢を見てくださった。作家というのは宇宙を包み込むような愛情を身体の中に持っているのかもしれない。その宇宙は山も飲み込んでしまう大きさなのだろう。

　朝ホテルのロビーで、桂さんは「羅漢見に行こうか！」と忘れていらっしゃらなかった。羅漢をゆっくり見てまわられ「わ〜すごいな〜こんな風に素人が形にしちゃうとこっちはかなわないなぁ〜」と、自由な発想でのびのび造られた羅漢を見て感動されていました。

　それだけではなく、陸前高田の子ども達のためにと、何十点ものご自分の作品をわざわざ東京からレンタカーのトラックを運転にし、彫刻家の中野浩二さんと泉啓司さんを伴い、移動美術館を３校で開催してくださいました。その時に、舟越保武先生のお嬢様で（桂さんのお姉さま）3.11絵本プロジェクトいわて代表　末盛千枝子さんが、陸前高田に偶然おいでになられて、何十年ぶりかにお会いすることもできました。千枝子さんは震災後、岩手の子どもたちに絵本を読ませてあげようと、絵本を寄付する活動をされています。

　舟越保武先生の大きな愛が、桂さんや千枝子さんの心をはぐくみ、その温かい想いが、被災した方々の暗闇の心の生きる希望の灯になりました。岩手在住の末盛千枝子さんと岩手を故郷と思う桂さんが、岩手出身の舟越保武先生を陸前高田に連れて来てくださったのだと思いました。舟越先生が教えてくださったことすべて羅漢さんに伝えました。一つ一つ想いのこもった、大事な羅漢さんができました。保武先生、桂さん、千枝子さん。本当にありがとう！

［注］舟越保武先生（1912年12月7日〜2002年2月5日）岩手県出身彫刻家。東京藝術大学名誉教授、多摩美術大学教授。1962年『長崎26殉教者記念像』で高村光太郎賞。

陸前高田市　普門寺での5年間

九州産業大学造形短期大学部　学長・彫刻家
小田部 黃太

2013年のある日、大学時代からの友人である佐藤文子さんから連絡があり、このプロジェクトの話があった。私に石彫の講師などのスタッフとして参加してほしいということと、学生もつれてきてはどうか、ということであった。これはぜひ参加しなくてはと思い学生に声をかけ、1年目は4名の学生と一緒に参加することとした。

レンタカーで夕方陸前高田に入ったが、その景色は衝撃的で今でもよく覚えている。震災から2年以上たっていたが、平らな地域は道だけがあり、灯りも信号もなく、ガレキはほぼ片付けられてはいたが、津波の被害を受けたままの建物が所々にあるという状況で、報道では見ていたのだが目の当たりにしたときは大きなショックであった。少し高台に上っていくと民家があり、仮設が至る所にあるという状況だった。

普門寺は古刹というにふさわしいお寺で、震災の慰霊碑があり、ここで五百羅漢を制作するということはとても意義のあることだと心から感じられた。

1年目はまだ民宿などもほぼない状況で、高田高校の仮設住宅の集会所で寝泊まりをすることになった。自炊をしながら生活し、昼間は石を彫り、準備や片付けなど運営のお手伝いも行うということで、今の学生にはなかなかハードであったが、いろいろな意味で学生にはいい経験になったと思う。また、普門寺での五百羅漢の制作に加え、佐藤先生にアートセラピーのワークショップを行っていただいたり、陸前高田や気仙沼の震災の状況を見学に行き、ボランティアで震災のお話をされている方の話を聞いたりした。

高田高校の仮設の集会所では、皆さん被災者で仮設住宅での不自由な暮らしをされているのに、九州から来た大学生ということで大変歓迎していただき、いろいろと差し入れをしていただいたりした。皆さん身内や親しい人を亡くされていたりして、仮設暮らしでつらい状況であるが、日々を明るく前向きに暮らしておられるように見え、非常に心を打たれるものがあった。私自身もそうだが学生には本当に貴重な体験であったと思う。

2年目からも毎年、5年間参加することになるが、2年目からは民宿に宿泊することが出来、生活面では楽になった。5年間で40名ほどの学生が参加した。2年目からは被災地の見学に加え、平泉の世界遺産の見学にも行くことが出来た。年々、羅漢の数が増えていき500に近

づいていくと、その様子は非常に壮観であった。

　私自身は5年間のうちに、抗火石（比較的柔らかく彫りやすい石）での制作に加え、御影石（硬い、通常の石彫などにも使用される石）で3体の羅漢を制作した。普段は授業で塑像や木彫を指導し、金属での制作をしているが、石彫は大学以来になる。大学時代の道具を引っ張り出し持参しての制作は、思いのほか楽しいものであり、翌年の制作が楽しみになるくらいだった。自分の作品を制作するときは、いろいろと考えざるを得ないので、ただ楽しいという訳にはいかないが、ただただ、あまり何も考えず心の安らぎを祈る気持ちで石を刻んでいく時間は、私自身に大きな安らぎを与えてくれた。

　プロジェクトで被災者の方や身内を亡くされた方が羅漢の制作に参加され、交流できたことは大変に有意義であった。震災で娘さんを亡くされたご夫婦が、心の持って行き場がない状況で羅漢づくりに参加され、少しずつ心のよりどころとされているお姿なども拝見し、お話もさせて頂いた。私自身、普段短大で彫刻を教えているが、彫刻として出来がどうかとかではなく、その方の思いや祈りなどが形になる、それが見る人に伝わるということを目の当たりにし、表現ということへの認識を新たにすることが出来たと思っている。学生もそれぞれに感じること、考えることがあったと思う。みんな熱心に羅漢の制作に取り組んでいた。

　学生と一緒に普門寺の和尚さんにもいろいろとお話をしていただいた。震災からいろいろな方々からお寺にたくさんの仏様が集まってきて、それが陸前高田の震災で亡くなった方の人数と同じ数になっているという話などを聞き、本当に感慨深いものがあった。

　先日、1年目にプロジェクトに参加した学生に会う機会があり、いろいろ話をした。この学生はプロジェクトに参加したときは非常に後ろ向きで、自己評価が低く、自分はダメな人間で……というような学生で、佐藤先生にも心配していただいていたくらいだった。それが、夏休

みにプロジェクトに参加し、帰ってきてから少しずつ様子が変わってきた。後期からの卒業制作でかなりの大作の彫刻を苦労の末完成させ、だいぶ前向きになった状態で卒業していった。その後、就職して働いていたが、今彼氏ができて結婚を前提に日々を過ごしているという話をしてくれた。その話を聞きながら、プロジェクトの時の大変だった様子を思い出し、これもまた感慨深いものであった。

　5年間参加していた中で、陸前高田の様子もずいぶん変わってきた。ベルトコンベアでかさ上げが行われ、毎年少しずつ復興していく姿を見ることが出来た。しかしながら、まだまだ先は長いと思う。プロジェクトは終わったが、私たちは九州という遠い場所にいるのだが、陸前高田などの被災地のことを忘れずにいなければならないと思っている。必ず機会を見つけ、また普門寺の五百羅漢を訪れたいと考えている。

　最後にこのプロジェクトのメンバーとして書かせていただきたいと思います。5年間、プロジェクトを運営していくのも手弁当で、文子先生を中心に色々と大変だったと思います。私は普段は九州なので、現地に行った時だけ手伝っているという感じでしたが、文子先生は日本中に寄付や後援を頼んだり、友人に声をかけて差し入れの援助をお願いしたりと精力的に運営に努力をしていました。たくさんの方々にバックアップしていただいたのは、やはり彼女の人柄が大きかったと思います。

　Tシャツなど、様々なグッズを作って販売もしました。Tシャツはスタッフの増川氏の羅漢の写真で作ったものも好評でした。文子先生と私達の友人でもある画家の永山裕子さん、星合博文さん、北村さゆりさん、堀江孝さん、今井陽子さんなどの現代を代表する錚々たる作家の方々に原画を提供していただき、Tシャツを作ったりもしました。また、販売して助けにしてほしいと、いろいろなグッズや食べ物なども差し入れしていただいたりし、それらのグッズを参加者の皆さんにも買っていただいて支えていただきました。ご協力いただいた一人ひとりの方にお礼を申し上げます。本当にありがとうございました。

羅漢さんたち

IX
がんばっぺし

2012年 冬　陸前高田の夜は
月も泣いている夜だった。
道にひとつの電球がついた日
みんなと一緒にうれしくて泣き
ました。それは道もみんな
の心にもともされた灯だった。

2014. 9.24

Night Lights　　佐藤文子

暗闇のなか、周りは瓦礫と壊れた家や建物がせまってくるような夜道、道路の側溝は蓋がなく、どこに道があるのかわからない。2012年の冬のある日、やっと一つだけ街灯がつきました。どんなに皆がよろこんだことでしょう。たった一つのライトが心の明かりになりました。

In the dark night after the tsunami, there were no lights near our temporary shelter s in Rikuzentakata. The roads were surrounded by a lot of debris like mountains. The dark nights brought our fear if disaster again.　One night in the winter of 2012, one light was set and cast on the dark road. The light cast　our hopes too. How much we were happy and encouraged by the light you never know.

Ayako Sato, Psy.D.

陸前高田「未来への記憶」
五百羅漢制作プロジェクトに携わって

岩手県陸前高田市　市長
戸羽　太

岩手県陸前高田市は、平成二十三年三月に起こった東日本大震災津波により壊滅的な被害を受け、千八百名近い尊い命を失いました。

もともと人口わずか二万四千人の小さな田舎の町はその日から大きな絶望に包まれ、明日が見えない日々が続きました。

「絶望」という言葉は誰もが知っている言葉です。

普段の生活の家でも「絶望的」などという言葉は頻繁に使われています。

しかし、私は自身の人生において生まれて初めて本物の「絶望」というものをこの震災により思い知らされました。

最愛の妻を失った悲しみの中で、当時小学生だった二人の息子の傍についていてやることもできない。

夫として、親として、人として一番大切な家族をも守ってやることもできない自分自身に自己嫌悪さえ感じていました。

そして市長に就任してわずか四週間。

市長として壊滅したまちを復興させる、その先頭に立たなければならないということで言葉には言い表せないくらいの不安にも駆られました。

いつになったら少しでも前向きな気持ちになれるのか……。

そんな中、日本全国はもとより、世界の国々からも次々に支援の手が差し伸べられ、被災者を励ます様々なプロジェクトが発足していきました。

炊き出しをして頂いたり、有名人が避難所に来てくださったり、コンサートを開いてくださったり。

しかしながら、支援プロジェクトのほとんどは、被災者が「受け身」になるもの。

いつも人々から「同情」して頂いているようで、余計に自分自身が情けなくなるような気持ちになったのを今でも覚えています。

被災者本人が自然な気持ちで「これからはもう少し前を向いて頑張ろうかな」という気持ちにさせてくれるものを求めていたのは私だけではなかったはずです。

そんな時に出会ったのがこの「未来への記憶」五百羅漢制作プロジェクトでした。

場所は陸前高田市内で大変に歴史のある普門寺の参道。

熊谷光洋住職には震災以降、身元不明の御遺体を埋

葬するための墓地の場所を提供頂くなど、無理なお願いばかりをしてきましたから、私自身このプロジェクトをきちんと理解しないまま、誘われるがままに参加しました。

お世話になっていた佐藤文子先生から「市長、普門寺で五百羅漢のプロジェクトやっているから来て」。

この一言で参加をしたわけですが……。

遺族や関係者が想いをこめて羅漢を彫ることで、震災で犠牲になられた方々の御霊の安らかならんことを祈るこのプロジェクト。

震災で大切な人を失った悲しさを癒すことはもちろん、お墓とはまた違う、そこに亡くなった方の新たな魂が蘇るような不思議な感覚を感じることができ、悲しさよりもなぜかホッとするような安心感を与えてくれました。

羅漢が一体、また一体と増えていく中で、その光景はとても温かい雰囲気を醸し出すようになり、今では陸前高田市の「観光名所」にもなっています。

このプロジェクトは、震災で亡くなった方々と遺族の心を繋いでくれる貴重なプロジェクトであったと思います。

あの震災から八年近くが経過し、羅漢の表情も時間の経過と共に穏やかになったような気がするのは気のせいでしょうか？

復興にはまだまだ時間が必要ですしまだまだ課題が山積していますが、五百羅漢に見守られながら震災で犠牲になられた皆様の分までしっかりとまちづくりに努力して参ります。

瞑想の羅漢

彫刻家・公益社団法人二科会常務理事・日本芸術院会員
吉野　毅

2013年8月17日、大宮駅で井出潤子さんと待ち合わせ、一ノ関に向かう。大船渡線に乗り換え気仙沼に、改札口には佐藤文子さんが立っていた。彼女の車で陸前高田に向かう。

しばらく走ると右前方にきらきら輝く夏の海が見えてきた。海岸線に出てしばらくすると、突然風景が一変し、信じられない光景に唖然とする。大きな漁船が陸に打ち上げられていたのだ。先ほど見た穏やかな海からは想像することすらできない自然の猛威を実感することになる。その漁船の前で、記念撮影をする観光客らしき人達がいた。惨状も時間が経つとともに風景の一部になってしまっているのだ。傍の食堂で昼食をとり、区画整備とかさ上げ工事が進む中を普門寺へ向かう。

深閑とした森の中に入ると、とても響きのよい音が聞こえてきた。鑿の頭を玄能で叩く音であった。やはり人間が作り出す音にはリズムがあって心地よい。辿り着いた広場には、テントが張られ、数人の人が石を彫っていた。階段を数段上がると立派な伽藍が現れた。庭の奥の静謐な空間には、美しい三重の塔が建っていた。まさに古刹の趣であった。

滞在時間に限りがあるので、早々に鑿と玄能を持ち作業に加わる。しかし原石を前にして暫く何のイメージも湧いてこなかった。隣には全体像がほぼまとまり、細部を丁寧に整理している女性がいた。他には、羅漢さんの形が見え始めてきたのだろう、撫でたりしながら、凹凸を確認している人もいた。羅漢さんがオビンズル（撫で仏）さんともよばれていることを知っているのだろうか。そんなことを考えながら彫り始めた。

隣で一心に彫っている女性と話をした。その方は24歳の一人娘を亡くされたお母さんであった。淡々と話されるだけに、母親だからこその深い思いが伝わってくる。ご主人が夕方、車で迎えに来ると「今日、この彫刻の先生にいろいろ聞いていただきました。」と、話されると、ご主人が急に涙声で「ありがとうございます。」と言葉にならない声を出す。我々には推

し量ることのできない悲しみの深さを感じた一瞬であった。

　その晩は文子さんが用意してくれていた民宿を遠慮し、敢えて文子さんの仮設住宅に井出さんと泊めてもらうことにした。仮設住宅はまさに仮設で、壁が薄く常に隣の部屋の音を気にしながら窮屈な生活を強いられるものであった。辛い厳しい経験をしてきた被災者が住むところであるからこその配慮が、なぜできないのかと考えてしまった。8月18日、夕方まで必死に彫り続けなんとか羅漢さんの頭部らしきものを彫り上げた。

　2017年8月19日、羅漢制作プロジェクトの最後の年、再度普門寺を訪れた。参加した方々の様々な思いが込められた569体の羅漢さんがそこにはあった。制作を支えたのは、実直で正直で少々不器用であると言われている、石彫を専門とする彫刻家たちであった。彼等だからこそ被災者の人たちの気持に寄り添うことができたのだと思っている。

　今度普門寺に行くときは、山門をくぐって、杉の巨木の参道を上りながら、風景の一部になっているであろう羅漢さんに挨拶をしながら歩いてみたい。

普門寺五百羅漢に寄せて

彫刻家・東京藝術大学大学院教授（文化財保存学）
籔内 佐斗司

　陸前高田の普門寺五百羅漢の制作が500体を超えたという嬉しいお知らせを頂きました。2011年のあの大災害のあと、私の古い友人である佐藤文子女史や彼女のご縁で集まった有志が、熊谷住職のご理解のもとに手造りで始めた事業です。さまざまな紆余曲折もあったと聞いていますが、円満成就を心からお慶び申し上げます。参加者には、被災されたひとも多かったそうですが、石を刻む作業が少しでも心の癒やしに繋がったのなら、とても意義ある事業だったと思います。

　「羅漢」とは、釈迦教団で「阿羅漢果（アールハット）」という出家者としての最高の境地に至った修行者のことをいいます。衆生が生まれながらに持っている苦の種の三毒「貪瞋癡（とんじんち）」を克服して、もはや苦悩の世界に輪廻転生することのなくなった理想の姿を体現したひとのことです。在家者から供養を受けるに値する尊者という意味の「応供（おうぐ）」とも漢訳されました。

　お釈迦さまは、弟子ひとりひとりの苦悩や修行の状況を見極めながら、名医が病人の容態に合わせて処方する妙薬のような絶妙の比喩を用いてお諭しになったといわれます。これを「対機説法」や「応病施薬」といいます。やがてお釈迦さまがお亡くなりになったときに、彼らが聴いた師のことばや表現がそれぞれに違って混乱が生じたために、教団として教義を統一する必要が出てきました。そこで、弟子たちが集まって、各自が聴いたことばを報告し合い釈迦の真意を探る会議を持ちました。

これを「結集（けつじゅう）」といい、その時に集まった弟子が500人だったことが五百羅漢の由来です。彼らは、「私はお釈迦さまの教えをこのように聞きました」ということばを皮切りに

次々と話し始めたことから、初期仏教経典の多くが「如是我聞（にょぜがもん）」で始まっています。

　さて普門寺境内の鬱蒼とした杉林に楽しげに集っている羅漢さまのお顔が、三毒を克服して阿羅漢果を得たありがたい表情をしているかどうかはさておき、慰霊のこころとひとびとの復興の願いに満ちあふれています。普門寺には、津波で流された高田の松原の松を材料に私と東京藝大大学院文化財保存学のスタッフが制作した「おやこ地蔵尊」もありますので、五百羅漢とともにもっともっと陸前高田の名物になってほしいものです。釈迦教団の結集は、都合3回開かれました。したがって五百羅漢も3回分、1,500体まで造れることになっていますが、そこまで揃ったお寺はほとんどありません。普門寺の羅漢さまの事業は、ぜひ1,500体になるまで続けて頂きたいと思います。もしそうなれば、「高田の千五百羅漢寺」として東北有数のパワースポットになること請け合いです。ドクター文子、頑張って下さいね。

仏法に導かれた五百羅漢と共に

美術家・札幌市立大学名誉教授
上遠野　敏

震災後、美術家として被災地に何ができるのかを問いました。私は「場の記憶」に寄り添うインスタレーションや、全国を巡って神仏の現れを"ネ・申・イ・ム・光景"として写真作品にしています。

被災地に入ったのは震災から1年後でした。茨城県の東海原子力発電所から岩手県田老を巡りました。大きな被害を受けた被災地で自然の神性や仏性とは何であったのか、人々の無念さを弔い、祈りを捧げながら撮影しました。その一部は、2014年にベルリンにあるクンストラウム・クロイツベルク／ベタニエンの「Distant Observations Fukushima in Berlin」で、故郷いわき市遠野の景色、津波の痕跡が残る海岸や静かに押し寄せる放射線の脅威など8枚の組写真で福島の爪痕と復興の槌音を発表しました。

これは陸前高田の取材メモです。

2012年3月23日（金）陸前高田。
「奇跡の一本松／架け替えられた臨時の橋／崩壊した気仙沼中学／高台の浄土寺から見た被災状況／崩壊した市民ホール、図書館、消防署／慰霊碑と学校」などを撮影。「砂州の高田松原には6,200本の黒松林があり、古くは仙台藩や、岩手県を代表する防潮林で景勝の一つであった。奇跡的に1本の松だけ倒れずに残り、復興のシンボルとして「希望の一本松」と呼ばれている。しかし、根本に海水がしみ込み枯れようとしている。広田湾向きに平地面積が大きく、町の中心や行政の中枢部が失われた。死者565人、行方不明310人、住宅約3,880棟が崩壊した。ここも町がこつ然と消滅した観がある。

その陸前高田に、ひたすら無心になって祈りをかたちに表した五百羅漢像があります。発願はアートセラピストの佐藤文子さんと普門寺の熊谷光洋住職です。これに賛同した美術家や音楽家などが集まり陸田高田「未来への記憶」プロジェクトが始まりました。被災者を供養し、残された人々の慰めにと五百羅漢の石像作りが始められました。

多くの人々の想いを託すために、全国から寄付や尽力を呼びかけて「結縁合力（けちえんごうりき）」によって五百羅漢像は作られました。東大寺を再興した俊乗房重源が日本各地から浄財を集めて勧進したことと重なります。イギリスの美術館は入場無料ですが、寄付箱が置いてあり1人のお金持ちの100万ポンドの寄付より、1人1ポンドの寄付を尊び、人々の思いのこもった浄財を大事にしています。善意そのものが心の浄化へとつながり、小さな力の結集が文化や国家を支えることを知っています。

2017年に5年の年月をかけて奉納された569体の羅漢像の開眼法要が営まれました。未曾有の大災害にくじけそうになった人々の一条の光となり、絆を深めて生きる喜びと、生かされることの喜びを確かめ合った素晴らしい活動だったと、個性豊かな羅漢像を見て心からそう思います。皆さんの菩薩道には心から敬服すると同時に未来を拓き人々を融通無碍の境地に導く禅の心を感得したのではないかと嬉しくも羨ましくも思いました。

五百羅漢制作に参加して

彫刻家・宮城教育大学教授
虎尾　裕

はじめて岩手県陸前高田の沿岸部を訪れたのは、東日本大震災で甚大な被害のあった年の9月末でした。三陸沿岸の国道を北上して、知り合いと共に、岩手県山田町のお寺を用事で訪ねた時でした。大津波の爪痕がまだくっきり残る、高田の海岸線周辺の一本松など、車窓から沿岸部を観た記憶は鮮明に残っています。

その2年後の夏前、陸前高田の普門寺において、8月に、石で五百体の羅漢さんを彫るプロジェクトが始まるという話を、代表の佐藤文子さんよりお聞きしました。

参加される皆さんに、石で羅漢さんを彫る指導をする講師として参加するのではなく、ノミやハンマーなど道具一式貸し出すことでよかっ

たら、協力させていただきますよと、1回目の五百羅漢制作プロジェクト開始日前日に、仙台から、道具20人分くらいを車に積んで出かけました。この年、平成25年は、初回ということで、境内の駐車場にテントを張り、傾斜地だったこともあり、若干平衡感覚が狂い彫りにくい感じもありましたが、それでも羅漢さんを彫りたいという方々が、地元を中心に多勢詰めかけました。結局、最初と最後にかけて、数日間お手伝いさせていただき、西風道の被災者住宅に、講師の皆さんと共にお世話になりました。

2年目以降も、毎年、「夏が来れば思い出す」と、そわそわ身体が反応して現地に赴き、指導を通じて滞在し、微力ながら協力させていただきました。その時から、作業場所が、境内の平

らな場所に移り、テントを張っていただき、快適な作業環境でした。

平成29年夏、いよいよ羅漢さん五百体を達成できるという5年目は、ことのほか思い入れのある年となりました。それは、プロジェクトの目標が成就されるということで、約1週間の制作期間の終了日まで、多勢の参加者の石を彫る槌音が普門寺の境内に響いていました。毎年通われていた地元の方々や、常連の参加者などは、この夏で一区切りということもあり、終わってしまうのかという名残惜しさもあったかもしれません。

この5年間を通じて、およそ500人以上の参加者は、各々、石に何か想い想い分身の姿を、羅漢さんとして現わすことで、願いを託して喜びを感じることができたのかもしれません。高田の普門寺の境内で、ひっそりと佇み、その姿

に、そっと込められた魂が、お互いに寄り添って並び、微笑んでいるようです。夜な夜な賑やかにおしゃべりしているかもしれません。それは、なぜだか、慰霊や鎮魂という言葉とは、ちょっと異なる感覚なのかもしれません。不思議と清々しく爽やかなものを感じさせていただいた5年間でした。

国際学会の同志と五百羅漢に会う

東北大学大学院医学系研究科てんかん学分野　教授
中里　信和

　1965 年、私が陸前高田市立小友小学校に入学し、最初の遠足で訪れた場所は陸前高田市米崎町の普門寺でした。「楽しみにしていた遠足が、どうして海や山など明るく開けた場所ではなく、古い仏塔と太い杉林の鬱蒼とした寺なのか」と、あとになってもずいぶん不思議に思い返したものです。

　ちなみに小学校最後の遠足は海で、陸前高田市広田町の「鳥の巣」という名の岬でした。細い林道を徒歩でしばらく降りていくと、突然に目の前が開けて、緑がかった海と白砂のまぶしい入り江に出るのです。小さい岩の岬では、ネウ（アイナメ）を釣り、磯だまりで海牛をつついて遊び、火をたいて昼食の豚汁を作ったのでした。「鳥の巣」は私の一番の気に入った場所となり、友人や家族を連れて何度も通いました。しかし普門寺については、由緒あるお寺であることを知ってはいたものの、その後何年も訪れることはありませんでした。

　その普門寺を私が再び訪問したのは 2016 年でした。翌年に、ある国際学会を仙台で開催することになり、学会終了後の被災地を廻る遠足を企画して、その下見に訪れたのでした。国際学会は小さいながらも、10 年前に私が初代理事長として発足したものであり、思い入れがどうしても強くなります。

　遠足は 2017 年 5 月 25 日。早朝に仙台市内のホテルからバスで出発です。車中では、五百羅漢の作成を立案した佐藤文子先生が、みずから手製の紙芝居を使ってガイド役をつとめて下さいました。午前中は、唐桑町津波体験館、高田町「りくカフェ」、高田一中仮設住宅等をまわりました。キャピタルホテルでの昼食時には、仮設住宅の方々による「御祝」の演舞がありました。そして昼食後に普門寺です。

　熊谷洋光住職さんが本堂で皆を招き入れ、震災直後に身元不明の遺骨の安置場所になっていたことや、国内外からさまざまな支援が届いた話をして下さいました。さらに、津波で亡くなられた方々の魂を安らかに救うべく、如来様が迎えて下さっているという絵も見せて下さいました。

　津波で亡くなった私の同級生に、隆君がいます。彼と私は誕生日が同じで仲が良く、普門寺や鳥の巣の遠足でも、もちろん一緒でした。地震の直後、彼は奥様の母を助けようとして気仙川の河口近くに向かい、途中で津波に遭って 5 キロも上流に流されたようです。

　もう一人は、従姉です。津波から半年後に
発見されました。場所は自宅から５キロも沖
の「鳥の巣」です。従姉と私とは震災のちょ
うど一週間前、法事で隣り合って座っていた
のです。読み上げたのは蓮如上人の「白骨の
章」です。

されば、朝（あした）には紅顔ありて、
夕（ゆうべ）には白骨となれる身なり。

　五百羅漢になった隆君や従姉、そして今の私。
なんの違いがあるでしょう。記念にとった写
真をご覧下さい。遠足の参加者も皆、五百羅漢
に見えてくるではありませんか。

五百羅漢制作プロジェクトにみる 「祈り」と「癒し」の効用

久留米大学 教授
津田 彰

正直に申しますと、今年の夏（2018年8月）の米国心理学会まで、佐藤文子先生はもとより表題のようなプロジェクトが大震災後の陸前高田で行われていたことを知りませんでした。サンフランシスコの学会場で、室内ドームのように広い会場に並んだ発表ポスターを眺めながら歩いていた時、"羅漢さん"が忽然と飛び込んできました。当たり前ですが、辺り一帯すべて英語の文字をキャンバスとした西洋文化のそして無機質な科学の世界の空間の中で、佐藤先生のポスターの中の羅漢さんから放たれたえも言われぬ穏やかさとぬくもり、そして東洋的な神秘をもったスピリチュアルな光と輝きを受けて思わず、私の足が止まりました。これが佐藤先生と普門寺の参道に佇む五百羅漢との出会いでした。

私は心理学の立場から、その人の生き方のありようがウェルビーイング（幸福感）とQOLにどのようにかかわり、ストレスと健康を左右するのかについて研究をしています。とくに最近は、トラウマの逆境から立ち直った例など、ストレスに負けない人間の強さと幸福の追求など、ストレスの肯定的側面（信念といった心の構え）に注目しています。

これまでのストレス研究では、悲惨なストレスフルな体験をすれば、人は落ち込んで悲観的になり、病気になってしまうことの報告が圧倒的でした。しかし、同じように困難な体験をしても、それに打ち拉がれることなく、やがて立ち直り、そのような挫折や逆境をバネに自己成長を遂げる人も多くいることも分かってまいりました。そのような違いはどこから生じてくるのでしょうか。不快なストレスを肯定的なものに転換できる個人的特性や対処の力、働きかけにはどのようなものがあるのでしょうか。それを獲得、育成するために、どのようなことが重要なのかについて、科学的な検討が始まっています。

まさしく、この五百羅漢制作プロジェクトでは、制作者がさまざまな想いをこめて一心不乱に石を彫る作業過程と完成した羅漢から自然に引き出された"祈り"のもつ"癒し"といったスピリチュアリティの効用をフィールドで逸話的に明らかにした実践例として、今後のトラウマ研究において広く引用されるに違いありません。

このプロジェクトにかかわった多くの人が、死別による悲嘆の意味を了解して、喪失に対する意味をどのようにもう一度再構成していったのか、その過程における語りは貴重な知見となるに違いありません。愛する者との突然の死別というきわめて困難な体験において、そこから人はどのような気づきや学びなどの有益性を見出し、自分のアイデンティティ（自分の存在理由や意義）を肯定的に変化させ、やがて新たな

意味の再構成が可能になったのでしょうか。

　羅漢を制作する活動がマインドフルネスの世界を紡ぎ出し、"今、この瞬間"に生きることの大切さへの気づき（実存）、自他への慈愛の感情と態度を示す自由の選択、フローと称されるような最適な時空間の体験の共有、お互いに助け合いながら社会的交流をするという絆の形成などが、運命に対する前向きな心、感謝をもたらし、人を思う"祈り"という世界が価値創造的に生成されて、"癒し"につながったのではないでしょうか。近年のポジティブ心理学（幸福とQOLの向上を目指して、人間本来の営みを最大限発揮させる取り組み）の視点から、心的外傷後ストレス障害（PTSD）に代わって、心的外傷後成長（PTG：危機的な出来事や困難な経験との精神的なもがき・闘いの結果生じる、ポジティブな心理学的変容の体験）と精神的回復力（レジリエンス）が世界的に報告されるようになってきました。

　今回のこのプロジェクトは個人レベルの次元を超えて、地域集団の大勢の人に広く影響を及ぼすことができたという点でハイインパクトであり画期的と考えます。被災地での個別カウンセリングでは、カウンセラーは出会った人しか支援できませんが、参加者ひとりひとりが自ら主体的に活動に参加することでセルフケアを学んでいけた点からもとても対費用効果のある支援的介入となっています。

　これらのことから、普門寺の五百羅漢さんは震災の記憶を未来に伝えるモニュメントとして、とても多くの意義を示唆する実り多いプロジェクトだったと評価されるでしょう。またそれは、そこを訪れるすべての人々に対して、ストレスに負けない強さの秘密のみならず、ストレスの肯定的側面に関するポジティブ心理学が示唆する力強いメッセージを与え続けてくれる特別なパワースポットとして、また予期せず別れることとなった人とのコミュニケーションの場として、人間の力を超える絶対的な力の存在に対する畏怖の念を抱かせるスピリチュアルな場として、人に生きることの勇気と寛容で共生的、協働することの大切さを教え続けてくれることでしょう。

　このプロジェクトに参加されたアートセラピストの佐藤先生はじめ、すべての方々の労に感謝します。そして震災で亡くなったすべての方に祈りを捧げます。合掌。

［参照］
Sato, A. et al. 2018 After disaster psychological healing project for Tsunami survivors, "resilience for future". Paper presented at American Psychological Association 2018, San Francisco.
（本書 p.131 〜 137 参照）

アメリカ心理学会への参加
（五百羅漢プロジェクトを世界へ伝える）

新宮 古都美（編集）

　グリーフセラピーとしての五百羅漢制作という日本独自の芸術療法の効果を世界に伝えようと、2018年にサンフランシスコで開催されたアメリカ心理学会でポスター発表を行いました。ポスターは佐藤文子、佐藤祐子、新宮古都美、瀬戸萌の4名で作成し、佐藤文子と新宮がサンフランシスコへ赴き発表しました。学会には世界中から心理支援に携わる方が集まっており、発表時には多くの人が見に来てくださいました。発表は異なる文化的背景を持つ方々が理解しやすいようにと、五百羅漢がこれまで日本でどのように扱われてきたのかといった文化的背景（歴史や開催場所の普門寺）について触れながら、東日本大震災による被災状況を説明し、そして陸前高田で行ったグリーフセラピーとしての五百羅漢制作がどのような効果をもたらしたのかをたくさんの写真を添えて伝えました。（新宮古都美）

以下に発表したポスターの内容を掲載いたします。

2018年アメリカ心理学会　ポスター発表

津波災害後の被災者のための心理的援助介入プロジェクト：
「未来への記憶」

佐藤祐子 B.A., 新宮古都美 M.A., 瀬戸萌 Ph.D., 佐藤文子 Psy.D.

Post Disaster Psychological Healing Project for Tunami Survivors, "Resilience for Future"

Yuko Sato, B.A., Kotomi Shingu, M.A., Moe Seto, Ph.D. & Ayako Sato, Psy.D.

ABSTRACT

This poster will show how the project was developed and completed, show many pictures of the Rakan, and feature shared stories from the participants.

The Great Eastern Japan Earthquake inundated the eastern coast of Japan on March 11the 2011. The tsunami that followed resulted in the deaths of approximately 16,000 people and a further 2,500 remain missing nation-wide. In Rikuzentakata, the main core of the city was destroyed and approximately 10% of the population or 1,800 people lost their lives.

An American educated, Japanese psychologist was invited to the city by the survivors, supporting and living in the community from 2012 to 2016. This poster will show one of the projects completed for and by the survivors and their community, overseen by this psychologist and other supporters. The project was started in 2013 as a "Post Disaster Psychological Project" at a Zen Buddhist temple for the tsunami survivors with artists from the Rikuzentakata area. The project goal was to make 500 stone sculptures, known as the 500 Rakan (500 disciples of Buddha). The making of 500 Rakan is one of the most traditional Japanese cultural creations for reposing the victims' souls after a natural disaster. Even though in the past most 500 Rakan projects in Japan have been made by a single sculptor, this project is the first of its kind in which the Rakan would be created by many of the disaster survivors themselves.

The aims of the project were 1) to provide a psychological place to heal and grieve (which included meditation with the Zen monk) and developing a community environment for healing (giving self-dialog opportunities during the making of the stone sculptures) and 2) providing long term economical supports for the city after this project finished such as encouraging sightseeing at this spot in the city. By 2017, more than 400 survivors have participated in this project and more than 500 Rakan have been made. During the project many survivors repeatedly attended and spoke about their memories of family and friends who were tsunami victims.

Today, the 500 Rakan have become a famous sightseeing spot and many bus tours and tourists visit them in the temple.The project members consist of a Zen monk, sculptors, painters, artists, psychotherapists, and other local people.

INTRODUCTION
Research Question : "How can psychological support in a cultural context aid in increasing tsunami survivors' resilience? "

Meaning of 500 Rakan
- Buddha had 16 disciples who learned Buddhism from Buddha.
- After Buddha died, his disciples became 500 at the first meeting.

The Great East Japan Earthquake
- In the afternoon of 11 March 2011, a massive magnitude 9.0 undersea earthquake (the Great East Japan Earthquake) with an epicenter approximately 70 km off the Pacific coast, caused a gigantic tsunami, with waves reaching as high as 40 meters which devastated the coastal areas of northern Japan. As of March 1, 2018, an official count of 18,434 people have been confirmed dead or missing, with the predominant cause of death being drowning (90.4%)

Population change in Rikuzentakata as a result of the tsunami

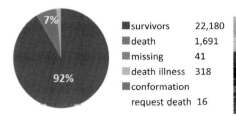

■ survivors	22,180
■ death	1,691
■ missing	41
■ death illness	318
■ conformation request death	16

About Fumonji

· It is a temple belonging to the Soto sect in Rikuzentakata city, Iwate that celebrated the 500 anniversary of its founding in 2006. The temple boasts a three-story pagoda which is a designated cultural asset in Iwate Prefecture, a wooden statue of Kannon, a color painting portrait on silk of Aizen Myoo (Ragaraja), and Buddha statues of which there are many are dedicated after a great earthquake disaster and are worshiped in the main hall of a Buddhist temple and each precincts place. In summer a natural monument of crape myrtle trees can be seen in full blossom. It is a temple that differs in its attraction by each season.

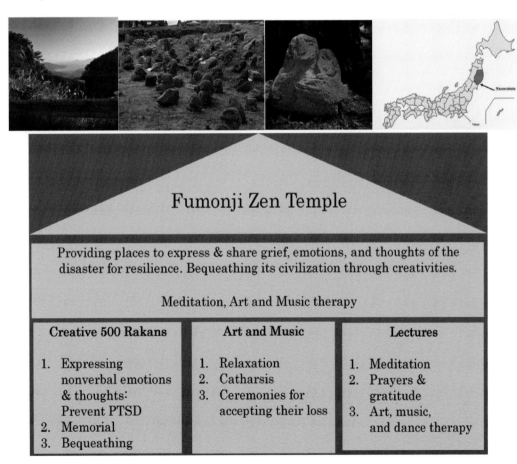

Fumonji Zen Temple

Providing places to express & share grief, emotions, and thoughts of the disaster for resilience. Bequeathing its civilization through creativities.

Meditation, Art and Music therapy

Creative 500 Rakans	Art and Music	Lectures
1. Expressing nonverbal emotions & thoughts: Prevent PTSD 2. Memorial 3. Bequeathing	1. Relaxation 2. Catharsis 3. Ceremonies for accepting their loss	1. Meditation 2. Prayers & gratitude 3. Art, music, and dance therapy

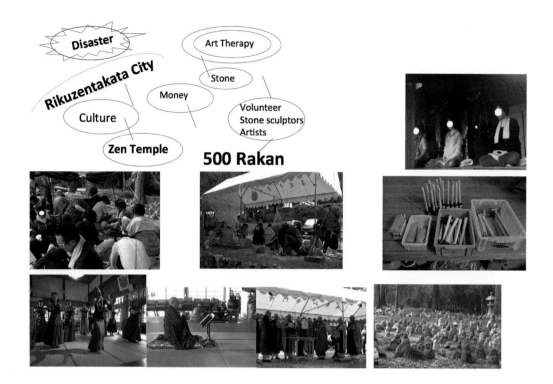

RESULT

Story 1 : "For my daughter"

It was while I was desperately looking for my daughter who was a teacher in Rikuzentakata that I learned about the memorial service for the Great East Japan Earthquake at Fumonji. For me, someone who is not from the city, Fumonji became a place to pray for the souls of my daughter and her students who were victims of the tsunami.

In 2013, I was invited to take part in the making the 500 Rakan. I carved my first sculpture together with my wife. That year, we took the stone home and carved my daughter's favorite anime character, "Anpanman". My wife and I carved a separate Rakan the second time. We took the stone home and I made "Miffy the Little Rabbit" which my daughter loved when she was young. I also participated with my wife for a third year. By the third year, it had become enjoyable to have conversations with everyone else who was participating. We were able to make valuable connections with many of our friends. My grandson and my son also participated during our 4th time. My grandchild, who was a first-year junior high school student, made a statue of hands together in prayer. It was an excellent opportunity for him to think about the disaster.

As we live far away from Rikuzentakata city, we needed a place for our hearts and souls where we could feel a connection with our deceased daughter. While trying to endure my sorrow, I think I was unconsciously seeking both a place and people for a warm embrace. I can realize now that what fulfilled my needs during that time were Fumonji, five years of curving the stones and the people who I met through this experience.

The precincts of Fumonji with 500 Rakan became the space where my wife and I can feel and recollect the memories of our deceased daughter.

Story 2 : "Thanks to 500 Rakan"

I participated with my family and relatives. I have lost over 20 of my friends and relatives, including both of my parents, and countless others to the disaster. While being swept away by the business of everyday life, the production of rakan was the only time I was able to face the reality of my losses.

In the humid summer heat of August just before Bon season, facing the stone I would be carving I swung the metal hammer over and over again while feeling the fragments of the stone hitting my goggles. Wearing long sleeves and a towel around my neck sweat began to pour out of me. Mindlessly, without words I strike. No matter how tired and numb my right hand is, there is no stopping. Filing off and making the stone into its shape, telling myself, a little more, a little more to go. By dusk, it's taken form. The monk of the temple binds the soul into it. At that time, I can feel the presence of the deceased, still here together with us. I feel purified and refreshed.

I participated each year, wanting to experience the same feelings as before. I can take a breath, look back, and move on thanks to the Rakan. I received my deliverance from the project. Now moss has already started to grow on the Rakan. Time is indeed passing and it's fading into memories. But I know that we are walking forward to our future.

Story 3 : "Encounter with 500 Rakan of Fumonji"

When I visited Fumonji, there were a group of stone statues of Buddha. The feeling I felt was indescribable. I joined the project from the second year with my granddaughter who just started going to the elementary school.

The sculptor instructors taught us with the idea "mushin no houshi no kokoro" , having the heart and mindset of willingness and acceptance to make an offering. Since that first year, I have met with teachers, people coming from afar, and the bereaved families of the victims through the production of the 500 Rakan.

In that space, filled with healing and mindfulness I closed "the heaviness of my heart and thoughts" that I felt after experiencing the tragedy, while working with the stones, which was difficult to express otherwise. While soaked in sweat I carved the stones wholeheartedly, nine sculptures in total for the deceased, the temple which protects them, people who visit Rikuzentakata and the city itself.

At first, my granddaughter and I would accidentally hit our hand with a hammer which would create bruises on our hands. I told my granddaughter, "the Buddha and the souls would be grateful for our hard work." Malicious and selfish intentions slowly faded. I felt purified and refreshed. I gained valuable experiences that I could not receive elsewhere.

I sincerely express my gratitude to those we met here and those who opened up their heart for us. I would like you to know that the Rakan are waiting to welcome those visiting

Rikuzentakata with a calm and peaceful feeling.

DISCUSSION & CONCLUSION

Gathering donations for this project was a difficult task. We sought donations from individuals and asked them to donate 1,000 yen ($8.00 US) and did not go looking for corporate sponsors for the project because we wanted to include as many people from the community as we could. Donating 1,000 yen, a relatively small amount was not difficult for most people. And if many people were able to donate funds for this project it meant that the 500 Rakan would have been made by the people of the community, in their minds. However, raising enough funds took nearly five years until this project completed. To assist with the fundraising we also made items such as T-shirts and key chains featuring pictures from famous artists to sell. We sold ice coffee and cakes which our friend donated. A famous Japanese singer, Mike Maki, held a concert in Rikuzentakata and the ticket proceeds were donated to the project.

Handling the many volunteers for this project also proved a challenge. Many sculptors joined the project as instructors and managing the number of volunteer participants and instructors was demanding job. For example, if more than 50 people signed up to make the rakan, we needed a minimum of 5 instructors. We also needed to know when people were available to help and how many people in total wanted to participate, so we used e-mail and telephone to keep in touch with everyone.

The ceremonial aspect of the project was also important. Not all the participants were Buddhists, but most Japanese have been influenced by Buddhism culture in some way. In the morning before people began making the rakan, a Zen monk prayed for safety and taught everyone how to meditate. Not a single participant was injured during the 5 years the project took.

For the participants, it was very precious time to learn how to meditate in the traditional way by a Zen monk. The meditation affected them in a positive way and helped them to gain new insights. Also, at the end of each year on the last day of sculpting the monk performed a ceremony to put souls into the rakan. At the conclusion of this ceremony the rakan were no longer mere sculptures, but had become disciplines of Buddha. These Buddhist ceremonies helped to shape the individual participants' souls as well.

Research Question's Answer : "This project strongly supported both the tsunami survivors psychologically and the overall community economically. The Rakan will be a memorial symbol for future generations."

In short, some survivors expressed that they would not have been able to overcome their strong emotions from the disaster without this project because they had no other place to share their emotions. Most residents in the city lost at least one member of their families: one in ten people died in the tsunami and its aftereffects. People had to be patient and sensitive in expressing their feelings because they were not only ones to lose loved ones. Sometimes

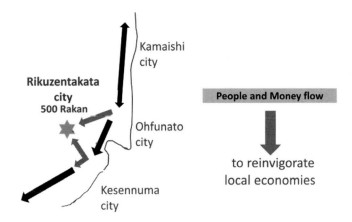

the act of hitting object can be therapeutic and can be help to reduce sad feelings and stress of victims. it was thought that by survivors hitting and sculpting stone for this project would be beneficial to their well being. Sitting in a temple to meditate gave them time to think about their loss, emotions, and their future.

Today, the 500 Rakan Buddhist statues have become a famous sightseeing place. The Fumonji Temple is listed in the official Rikuzentakata City tourist guide. In the past year the official city tour guides have taken more than 150 people to show the rakan. Bus tour companies often include a visit to the temple as part of their itinerary. And some tourism web sites state, that a trip to the 500 Rakan in Fumonji as a "must see" stop.

This project is not only for survivors who are healing, but also to change the inflow of people and money to the area. It has supported survivors psychologically and the city economically. The Rakan will tell of this disaster and provide resilience for the future.

＊＊＊＊＊

　この発表を聞いてくださった方々は東日本大震災の被害に胸を痛め、そして五百羅漢制作について大変興味深いとおっしゃってくださり、「コミュニティーがサポートしてくれて素晴らしい。」「日本の文化的背景が入ったグリーフアートセラピーだ。」などといった評価をいただくことができました。日本の心理療法は欧米からの導入によって始まり、近代になって日本の風土に合った心理療法が生み出されています。社会の変化とともに日本人的な視点と世界的スタンダードを見据えながら心理療法もまた変化していくことが求められている今、佐藤さんが行ったこの五百羅漢プロジェクトはひとつの成功例であり、それを世界に伝えることができたことをとても嬉しく思います。そして何より、羅漢制作に参加された方々が震災でどんなにつらい思いをして、羅漢を通してどのように心を癒していったのかを知ってもらえたことが嬉しいです。余談ですが、佐藤さんとアメリカへ発表に行くことについて、英語がさほど得意ではない私は足手まといになるのではと躊躇して

いたのですが、「行けば必ず良い経験になるから」と佐藤さんに背中を押され、初めての海外学会への参加を決めました。実際に参加してみて、世界中の方が私たちのポスターの前で足を止めて話を聞いてくださる光景を見て、このプロジェクトが世界的に見てもどれほど先行的なものであったのかを再認識するとともに、自身の活動を世界の人と共有することの大切さ、世界に目を向けることの大切さを実感しました。震災後にグリーフケアのためにコミュニティーを巻き込んで行われたアートセラピーは世界でも稀です。これも佐藤さんの人を巻き込む力と、陸前高田の皆様のご協力によって成り立ったものだと感じております。これから先、この五百羅漢プロジェクトが世界の心理臨床場面で役立てられることを願っております。（新宮古都美）

X
未来への記憶

りんごの願い　　佐藤祐子

五百羅漢によせて

海岸山普門寺住職
熊谷　光洋

　3月11日あの時私は部屋にいました。突然今まで感じたことのない揺れにより立つこともできずにいました。家族は皆でかけており一緒にいたのは高齢の母だけでした。妻と息子へ連絡がとれ、やっと所在がわかりホッとしたのも束の間、次々と檀信徒の方々の訃報に接し、たいへんなことが起きたと実感しました。

　そんな毎日の中で最初に福井県からボランティアの方々の宿泊施設にとお願いされ、お引き受けしました。福井県の方々は3ヶ月間延べ1,000人を超える方々が普門寺に泊まられ活動されました。その後7月には奈良の東大寺様からお電話をいただき東大寺学園の生徒のボランティア活動の宿泊を引き受けました。後にこのご縁が五百羅漢の碑を第221世東大寺別当（現・東大寺長老）筒井寛昭老師に御揮毫いただくことになりました。

　陸前高田の震災で犠牲になられた方々は約1,800名でした。身元不明の方々の遺体が火葬されることになり千葉県はその火葬を引き受けてくださいました。その身元不明の遺骨300体を預かることになったのです。陸前高田市からの要請に応え本堂の一角を提供しました。

　そのあとも増え、結局400を超える遺骨が本堂に安置されました。その後のDNAの判定等で身元が判明し次々と家族の元へ帰られましたが最終的には11名の遺骨は身元不明のまま普門寺の墓地の一角を陸前高田市に提供して供養しています。

　震災から100日目の日に身元不明の方々に供養の法要を行いました。そのニュースを見た方から最初千体仏が送られてきました。この仏様を見て遺族の方々の救いになりました。また長野県の善光寺様からは高田松原の流木松による親子地蔵3体と地蔵堂の建設が行われ毎年7月に善光寺に安置しているお父さん地蔵の里帰り地蔵盆を善光寺の和尚様方と行っております。その後京都から240体の仏像や80体のお地蔵様が奉納され気づくと1,300体を超す仏像が安置されておりました。

　大学時代の友人で山形県の少林寺住職鈴木祐孝氏より、檀家の佐藤文子氏が普門寺を訪問するのでよろしくとの連絡が入りました。多摩美術大学大学院で彫刻をやってこられた方が心理学博士（米国）として陸前高田市の教育委員会に勤務することになり、初めての土地で、知り合いがいないことから鈴木住職が私を紹介したそうです。佐藤氏は最初、坐禅がしたいと、市内の方をさそって何度も来られました。

　そのうちなにか陸前高田のためになることを考えようと、普門寺独自の試みで五百羅漢の石像を造るのはどうかと考えました。彫刻の指導講師には、佐藤氏の友人である彫刻家の方々や美術の教師の方々の協力をいただきました。準備が整った平成25年8月10日から一般の方々の参加をいただいて彫り始めました。

　アートセラピーとしての石の彫刻に注目。石をたたく時のかーんという音や、彫りながら自分自身と会話をもつこと、亡き人を思いながら過ごす時間が、心のケアに役立つのではないか

ということでした。他の芸術家の賛同も得て五百羅漢の制作を計画しました。何よりも生きている人たちの心のケアを目的にしております。芸術家の皆様はボランティアをおこなう機会を模索しておりましたが、このプロジェクトに共感され参加されました。

さらに不思議なことに平成26年の8月に京都の版画家　井堂雅夫氏より阿弥陀如来と25菩薩来迎図を被災地に奉納したい旨の要請があり、なぜ普門寺にと問い合わせると、西陣織の関係者に普門寺を紹介していただいたとのことで早速お会いし10月4日に奉納して頂くことになりました。

その1週間後に今度は香川県の観音寺市の仏師荻田文昭（凡海）さんから阿弥陀如来と16菩薩来迎像奉納の話が来ました。全く同じ意味の仏画仏像の奉納がなされることに改めて普門寺に奉納された仏像の数を数えてみたら五百羅漢様が完成すると1,800体の仏像が奉納されます。この意味するところは、図らずも陸前高田市で亡くなられた方の数に限りなく近づいてきていたのです。あまりの偶然にしばし言葉を失い、改めて来迎図の意味を調べてみました。すると大きな災害が起きるとき多くの人が亡くなります。そのときに極楽浄土から瞬時に訪れ亡くなられた方々が一時も苦しむことなく浄土へと導いてくださるのが阿弥陀如来の来迎でした。私は遺骨を預かることにより多くの遺族の方々と接してきました。その苦しみ悲しみははかりしれません！　どうしてその心を癒すことができるかと毎日おもい悩み、できることはただひたすら読経し祈ることしかできませんでした。そのときこの仏画と仏像の奉納があり、やっと遺族の方々の心を和らげることができたのではないかと思います。昨年12月にこの仏画仏像を東の室中に真っ白の祭壇を作り安置致しました。子を思う母親の思いを考え、女性の

設計士をお願いしました。阿弥陀如来を安置した白い棚は高いところにあり雲に乗っている姿になります。支えている白い棒は高田松原の7万本の松をイメージし、カーブを描く下の棚は松原の海岸線！　畳をとって白いフローリングに変えてそこは白い砂浜になりました。花を飾る台が舟形に作られ、極楽にむかう救いの船になりました。是で亡くなられた方皆安心な場所におられますと、説明ができました。五百羅漢がすべて完成すると1,800体。ちょうど陸前高田で犠牲になった方の数になる。他に京都から「二度と散らない　ねがい桜」の奉納をいただいております。是は古くなった着物の襦袢などを桜の花びらにかたどり縫ったもので、吊し雛の一種です。この花びらの中に願い文を入れ18,430個の奉納をいただきました。全国で亡くなられた方々の総数です。今普門寺では、宗派を超えて多くの和尚様方の協力をいただき、生きている私たちが未来にむかって進むために亡くなられた方々を供養し、ともに歩んでおります。

大震災の後、寺の役割を再認識しました。寺はお釈迦様の教えを伝える伝道の道場。だから法話をすることが一番大事なことと思ってきま

と自責の念に駆られました。その後親友の一人から手紙が来ました。『こんな時おまえに何もしてあげられない申し訳ない。せめて私は朝課に陸前高田市東日本大震災物故者諸精霊供養をしています』と！　うれしくて感動しました。私は教えを説くことが重要だと決めつけていたけれど、一生懸命個人の冥福を祈ることも同じくとても重要であり、このように沢山の方が亡くなられた災害の後信仰心が増すと聞きました。

　そのとき私は供養の読経は特別に行うのではなく、朝のお勤めの中にすべてはいっていることを改めて知りました。祖師そして先祖有縁無縁の方々を供養することができて初めて今の自分を見つめることができる。その日から朝課を行いやっと和尚らしい自分を見いだしました。

　様々なご縁が集まり、石の五百羅漢様は平成29年に569体完成いたしました。全国から寄せられた仏像に遺族の方も加わり今亡くなられた方々がすべて安心できる場所にむかわれたことが形で表すことができたような思いです。何よりも娘さんが未だに行方不明の遺族の方から『この寺に来ると娘と会えるような気がします。』と年二回北海道からお参りに来てくださいます。

　多くの方々とのつながりが増え被災地の希望となるように毎日を暮らしております。皆さん本当にありがとうございます。

した。しかし震災の後、多くの被災者、亡くなられた遺族の方、特に行方のわからない方々のご遺族に接し、何も話すことのできないでいる自分がいました。ある日の早朝仙台から中年のご夫婦が来られました。息子さんが行方不明で、朝の読経に参列したいといわれました。しかしそのときにはボランティアの方々もおり、早朝から檀信徒の方から葬儀の相談が続いており、朝課をしておりませんでした。そこでそのご夫婦にはお焼香だけでお帰りいただきました。後になりあの時読経してあげれば良かった

陸前高田で佐藤文子先生と会う

福島県立医科大学名誉教授・同 会津医療センター特任教授
丹羽 真一

陸前高田の普門寺で五百羅漢作りプロジェクトを立ち上げられた人々の中心的存在である佐藤文子心理士と、私は震災後にお会いすることとなりました。最初にお顔を拝見したのは、帝京平成大学で震災後の福島の状況についてお話をする機会を頂いた時です。当時、佐藤先生は米国での心理学と芸術療法の修学と卒業後のお仕事に一段落をつけられて帰国され、帝京平成大学でお仕事をしておられました。実は、佐藤先生の従姉妹さんが福島医大を卒業され医師として働くようになっておられたのですが、私はその従姉妹さんを教えたということで、帝京平成大学でのお話の後に情報のやり取りをするようになった経緯があります。

佐藤先生は、「せっかく帰国したのだから、おりしも東日本大震災でとてつもない被害を蒙った人々のお役にたてる仕事を探したい」と考えておられ、文科省の震災対応事業で新たに設けられた緊急支援カウンセラーとして、岩手で働くことを選択されたのでした。仕事の場所は陸前高田市で、さまざまな問題を抱えた生徒や疲弊されていた教員や保護者のカウンセリングをされるようになったのです。

カウンセリングをされる中で、米国でのカウンセリング経験は十分なのですが、日本でのカウンセリングのあり方にはなじんでいないことをご自分で心配され、スーパーバイズをすることを佐藤先生から依頼され、福島へ来られる佐藤先生にしばしばスーパーバイズをさせて頂くようになりました。津波で親をなくしてから、不登校になっている子のケースについてなどです。佐藤先生は、米国で修められた芸術療法をカウンセリングに生かして、クライエントの女子と一緒に絵を画いたりしておられました。カウンセリングの特徴は、クライエントの生活の場に出かけ、一緒に行動すると言うやり方のように感じられました。陸前高田へ行かれたことが典型なのですが、佐藤先生は困難を抱えた人がいると、その場に出かけてクライエントに寄り添い、苦労を共にするという関わり方をしておられます。

佐藤先生が陸前高田に移られて数年した頃であったと思いますが、原発事故の後に避難を余儀なくされている福島の人々のメンタルヘルスの状況について陸前高田の市民の皆さんに話す機会をつくってくださいました。それで陸前高田へ出かけた時の佐藤先生の様子が印象的でしたので、その話をしたいと思います。

当時の陸前高田は海岸沿いの土地をかさ上げし、内陸に入ったところに土地を造成する大規模な土木工事が進行中でした。山際の高いところから海岸沿いに向けて何本も何本もの土砂を運ぶ長いベルトコンベアーが動いている時でした。佐藤先生は、高い土地にある

高田高校の校庭に建設された仮設住宅の一室に住んでおられ、その仮設住宅の集会場に集まる避難者の皆さんと仲良くされ、一緒にだべったり、一緒にお茶を飲みおやつを食べたりして、避難者の皆さんの生活に溶け込んでおられました。いかにも佐藤先生らしい生活ぶりだと感心いたしました。

　普門寺の五百羅漢作りプロジェクトのお話を伺ったのはその後のことでした。津波で親族をなくされた方、親友をなくされた方、そうした悲しみを抱えた方の気持に寄り添いたいと念願される他地方の方などが、亡くなった方を慰霊し鎮魂するために、思い思いに羅漢像を作成し普門寺の緑深い境内に設置する事業です。これは、まさしく芸術療法を用いたグリーフ・ケアの営みであると感じました。私自身は羅漢像づくりには参加しておりませんが、作成に参加

されているみなさんの御様子を佐藤先生から伺うにつけ、その営みは実に意義深いものだと分かりました。それぞれの羅漢像の御写真を拝見いたしましたが、作成された方々のそれぞれの思いが良く伝わってくる気がいたします。

　佐藤先生が、周囲の勧めに従って、五百羅漢作りプロジェクトの本を出版されたいと決心されたのを伺い、すこしでもお手伝いできればと思い、星和書店様を御紹介させて頂くことにいたしました。星和書店さんは精神医学・心理学の書籍の出版に特化した会社で、その領域では定評のある出版社なのです。グリーフ・ケアと芸術療法の典型的な一例として、東日本大震災の喪の作業に関心を持たれる方々に五百羅漢作りプロジェクトが広く知られることになればと祈念しています。

祈りの道へ

心理学博士（米国），アートセラピスト（米国）

佐藤 文子

準備は 40 年以上も前から

2012 年晩夏、展覧会で盛岡にいらしていた、古くからの友人である石彫家の岩崎幸之助さんに、30 年ぶりに会う機会がありました。岩崎さんにアートセラピーのこと、石のこと、岩手の五百羅漢の歴史などをお話ししました。岩崎さんは、震災後の岩手のために何かしたいと思われていたとのことで、賛同し協力してくださいました。その後、陸前高田市普門寺 30 代目のご住職熊谷光洋さんの承諾を得、岩崎さんには、石選びや道具の用意などをお願いしました。これが五百羅漢像制作プロジェクトの始まりとなりました。私は、プロジェクトを立ち上げるような大それたことをするのが少し怖かったので、彫刻家で大学受験時代の恩師である吉野毅先生に監修をお願いしました。プロジェクトのコアメンバーは年毎に入れ替えがありましたが、コアメンバーや講師をしてくださった彫刻家の方々は、40 年以上前から、私が信頼する大切な大切な先輩や友人達でした。打ち合わせをわざわざしなくても毎年プロジェクトが無事に行えたのは、彼らの心根が優しく純粋で正直だったところが大きいと思います。

始まりの年 2013 年の準備

2012 年後半から開催するまでは準備で忙しい時を過ごしました。陸前高田はまだ震災の爪痕が残り、人々も街も苦しんでいました。2013 年の五百羅漢像制作プロジェクトのために寄附を募ることにしました。遠く九州から北海道に

いる知り合いや友人を頼って電話をしたり、会いに行ったりと協力をお願いしました。まだ一体も羅漢像を造っていないのに、「500 体の羅漢像を被災地で被災者の方と造るからその準備の寄付をして欲しい」と話してまわりました。ありがたいことに、多くの方が賛同してくださり、助けてくださいました。それがなければ、陸前高田に五百羅漢はできなかったと思います。

小さな挫折から気がついたこと

最初、スポンサーしてくださる会社を探すために東京の知り合いを頼り、大手の企業に話しに行きました。震災から 2 年以上たっていたので、企業からは良い返事をいただけませんでした。私は少し落胆しましたが「ここでへこたれてはいけない。壁に当たったときは、チャンスだと考えなきゃ！ 必ず道は開かれると信じよう」と、気持ちを上に向けたのです。他の道を探しながら、個別の寄付のお願いは続けました。お金は本当にのどから手が出るほど必要でしたので、必死でした。しかし、少しして気がつきました。もしスポンサーが付いて、羅漢像制作の案内のポスターに企業の名前が出たりしたら、五百羅漢像制作の本来の意図からはずれてしまうのではないだろうか。

1,000 円からの寄付

私が、高校 2 年生のときに美術大学受験のための予備校で知り合った、上遠野敏さん（当時

札幌市立大学教授）に寄付の集め方を相談しました。上遠野さんは、彫刻家の舟越桂さんがイギリスに国費留学しているときに聞いた逸話を教えてくれました。イギリスの美術館が美術館を運営するために、入場無料であるが1ポンドからの寄付を募った話を聞いたあと、私の心にストーンとその話が落ち、寄付を集める方向性が決まりました。

上遠野さんは「イギリスの美術館みたいにね、少ないお金でも多くの人から寄付を集めればいいんだよ。そうすれば、多くの人の想いが入った羅漢になるんだよ。がんばれ」と言っていただきました。それから、私たちは1,000円からの寄付のお願いをし、一人でも多くの方が関わってくださる羅漢になるように、こつこつと寄付を集めようと決めました。

誰にへつらうこともなく、純粋に亡くなった大切な人を弔うことのためだけに、市井の方々からの浄財をお願いしようと心に決めたのです。

それから、ポスターや案内を送り、寄付のお願いをしました。寄付は、直接陸前高田に来て羅漢を作れない方々も共感してくださり全国から集まりました。沢山の人が関わった五百羅漢ができました。この本には出版の御協力者のみの御芳名を記していますが、プロジェクト開催中にも沢山の方々に御協力を頂きました。心より御礼申し上げます。

彫刻家と画家と音楽家

まだ一銭も寄付が集まらなくても、岩崎幸之助さん以外の彫刻家の協力もお願いしなければなりませんでした。最初に、古くからの知人である、虎尾裕さん（彫刻家・宮城教育大学教授）を仙台にたずねてお願いをしました。その後、他の先輩や友人達が石彫講師として、ボランティアで参加してくださる承諾を頂くことが

できました。まだ、1体も羅漢ができていないのに、誰も「500体なんか無理だよ」とは言いませんでした。「わかった。いいよ！　それで、いつ行けばいいんだよ〜」と言ってくれました。

賛同してくださった彫刻家や画家や音楽家は、現代日本を代表するそうそうたる作家達です。彫刻家は現場の講師として、画家は資金集めに作るお土産のTシャツのための絵のコピーライトをくださる形で参加してくださいました。音楽家はコンサートを開催しました。皆のまっすぐな優しさが心に沁みました。ありがとうございました。

石彫家の渡辺尋志氏の回想

「あのころ、どの人も『何かやらなければ！何かしたい』と思っていた。自分も数回ボランティアに参加したが、何かもっと心に響くことをやれないかと模索していた。作家は自分の作品で自分自身を表現することはできるが、自分自身が動いて何かをするのはどちらかというと不得手である。そんなときに、この羅漢のプロジェクトの話がきた。『彫刻を教えてほしい』と言われれば、それは自分達にとってたやすいことだった。何より、本気を感じたんだよ」と話してくださいました。

渡辺さんは、初年度開催前に、羅漢の見本作品と制作工程の写真パネルを作って送ってくださいました。本当にありがたかった。現地に来られない彫刻家の方々も羅漢像を制作して送ってくださいました。

材料の準備

それでも、最初の年は、困ったことに道具をそろえるお金がありませんでした。私が、道具の心配をしていることを何も話していなかったのに、虎尾さんから、道具を貸してくださるという申し出がありました。私は「以心伝心とは

こういうことを言うのだろうか。というより、そういうことも考えずに私はこのプロジェクトを発車したのでしたが、虎尾さんはちゃんと考えてくださっていた。」と思いました。周りの人々に支えられて五百羅漢像制作グリーフセラピーができたのだとつくづく思います。次の年は、皆さんの寄付で道具を購入することができました。

石は岩崎さんが中心となり、10種類ぐらいの石を仕入れたり、広田湾の近くに石を捜しに行ったりしました。それから試し彫りを繰り返し、やっと新島の坑火石に決まりました。坑火石は、500年以上の耐久性があり、やわらかめの彫りやすい石です。500年以上もつ石を選んだのは、「後世まで、この震災のことを忘れないで欲しい」と考えたからです。この様に石一つを選ぶのも、何日もかかりました。岩崎さんの努力と粘り強さのおかげだったのだと思います。石の仕入れや運搬にかかわってくださった石材店さんもプロジェクトの意図をくんで値段を安くしてくださいました。皆、それぞれに被災地に心を寄せてくださったのです。

地元の方々の協力

講師の先生方が滞在する場所も、陸前高田市内には宿泊施設も少なく、資金が足りなかったので、地元の仮設の集会場をお借りしました。皆が滞在するために、布団を用意したり、干したり、掃除をしたり、身の回りのものを用意したりと地元の方にも手伝っていただきました。皆さん被災している方々なのに、私たちのために尽力をしてくださり、そのお心は大変ありがたいものでした。それは最後の年まで続きました。

2013年8月、いよいよ始まった

初日の午前中、ご住職に座禅会を開催してい

ただきました。ほとんどの方が初体験でしたが、皆さんすがすがしい気持ちになったと話していました。開山五百年を超える古刹で、大きな杉の木に囲まれ、魂を打ち込む心の準備は整いました。

参加者の方々の中に、ご遺族の写真を持って彫られているご夫妻がおられました。私は会釈をしましたが、あえて話しかけはしませんでした。私は普門寺の境内で、参加者自身が己と語る場を提供したかったので、私が自ら積極的に話しかけないようにと考えていました。黙々とお二人で石に向かい、体を下に向け寄り添ってひとつの石を彫っていらっしゃいました。その背中は、「誰とも話したくないからそっとしておいてください。」のサインだと感じました。午後になると、お二人の体が少し開いて石を彫っておられ、彫刻の講師が傍らにいて談笑していました。

次の日も、そのご夫妻は朝早くから石を彫っていました。今度は、昨日指導していた講師とご住職と4人で座って石を見ながら話していました。それはなんともありがたい光景でした。石を彫りながら少しずつ、傷ついた心が時間をかけて癒されていったのだと思いました。

プロの作家は、自分の経験から作品をつくっているときに、横でごちゃごちゃ言われたり、他人に手を入れられたりすることを嫌がります。作品は作家の分身だからです。だから講師たちは参加者の羅漢像に極力手を入れない、積極的に話しかけずに彫る姿を温かく見守ってくれる姿勢を保ってくれました。参加者の石を打つ行為が「祈り」だとわかっていたのでした。その講師の方々の姿は、グリーフケアとしてもとても重要なポイントです。私は講師の方々のことを「さすがだ！　わかっているんだな」と思い、人の心の奥深くまで感じ取れる能力を心から尊敬しました。

３日目、そのご夫妻が私のところに来て笑顔で「ありがとうございました。娘を彫りました。」と涙を流されました。笑顔と涙のご夫妻に、私達スタッフは何も言葉が見当たりませんでした。私は、石の粉のついた袖で涙をぬぐい、顔が石の粉だらけになりました。石を彫り、ひとノミ、ひとノミ、祈りを捧げ無心になることが成仏へと繋がるかけがえのない時間であっただろうと思いました。

　このプロジェクトにはお孫さんと一緒に参加されたご家族もいらっしゃいました。「犠牲になった家族を忘れずに、孫の代までつなげることができた」とお話ししてくださいました。

　石の羅漢像を制作するということは、今生きている人がこの世にいなくなった後、何百年も先の世まで、犠牲者や、震災のことを忘れないでほしいと、「私たちはあなた達をわすれない」という気持ちが形になり語り継がれます。どうかこれから500年先までも忘れないでいてほしいという願いがあります。

　私は、石の粉の涙にまみれながら、「これでいい。これを500回するんだ！」と思いました。羅漢の数は500体、500の数を一区切りとして、犠牲になられた方々の弔いや、参加される被災者の方々の心の回復のためにと、誓願を立てました。

陸前高田の五百羅漢像として

　1回目の2013年8月のプロジェクトをなんとか終えると、9月には次の年の寄付のお願いに走り回わりました。地元の方々からは、会期中に講師の先生方へと野菜や海産物の差し入れをたくさん頂きました。それらを講師の先生方に調理し、賄いを作ったのは仮設の方々や私の母や娘でした。他にもたくさんの人が、いろいろな形で参加してくださいました。毎日、お弁当を買えば済むことだったかもしれませんが、い

ろいろな方法で自分たちのできることを通して、五百羅漢像の完成を支えようとしてくださいました。私はこのことを大切にしたいと思いました。こうやって多くの人が関わることで、みんなの羅漢さんになっていくのだと思いました。

　2回目の2014年は、前年と違い、石場の作業場は平らで、安定して作れる場所をご住職が考えてくださいました。夏の暑い日差しや、雨などにも耐えられるようにと、大きなテントを2つ設置していただき、ずいぶん彫りやすい、安定した石場ができました。参加者にとって心のシェルターのようになりました。

心の痛み

　石に想いを打ち込んでいる参加者の方々の姿を見ると、私の心は、その場にいられないほど、心が痛くてはちきれそうになりました。石を打つ音を聞くたびに、私の心は石頭（ハンマー）で打たれているようでした。私は、石の音が参加されている方々の叫び声のように聞こえ、参加されていた方々の姿は、まるでノミをご自身の心の傷にも打ち込んでいるようでした。「カーン」「カーン」天まで届け、みんなの祈り。

姿　勢

　制作中の参加者の方々の姿勢は、悲しく、苦しい気持ちの時は前のめりで体が閉じています。体が閉じていると呼吸も難しくなり、大きく石頭が振り下ろせません。石頭を振り下ろせないと自分の手を打ってしまいます。想いがそのまま石の芯に当たらないので、石は気持ちを受け止めてくれません。私はご住職に瞑想を教えていただかないと、体も気持ちも閉じてしまうと思いました。まず瞑想を行い、次に五百羅漢像制作を行うということが大切だと考えました。参加者の方々には呼吸を大きく吸って石頭

を振り上げ、吐いて振り下ろし、彫ってほしいと思いました。それから、ご住職は、開催日の初日の安全祈願の祈祷や、座禅会を開いてくださいました。

続けることの難しさ

毎年のことですが、夏の会期が終わると9月から次の年の寄付をお願いしてまわりました。3回目にもなると、毎年参加してくださる講師方々の交通費を片道だけでも渡して、負担を少なくしたいと考えました。いくらボランティアだといってくださっても、毎年続くプロジェクトです、講師方々も負担が重いと続かなくなります。

毎年東京から来て、1週間近くも陸前高田に滞在することは、家庭の理解や仕事の調整をしなければなりません。仮設の集会場の宿泊と賄いの食事以外は講師の自腹でした。ずいぶん負担をかけ申し訳なかったと思っています。それでも、最初の年から最後まで、このプロジェクトを支えてくれた講師の方々もいました。去る方もいましたが、新しくメンバーになってくださった講師の方々もおりました。講師の方々が、1日でも参加してくださるだけでもありがたいことでしたから、スケジュールと参加人数の調整は毎年の大きな課題でしたが、それを調整するのも私の仕事でした。

様々な参加者とその背景（2015年）

ある日、東京から親子が日帰りで参加してくださいました。「今朝のテレビで五百羅漢像制作会を開催しているニュースを見て、参加しよう！と思い、その後、家を車で出発しました。被災地をみて本当にびっくりしました。現場はこんなに悲惨な状況で、津波でこんなに何もかも無くなってしまったのか……」と話してくださいました。被災地の現状を見たこの親子は、

3時間ほどで羅漢像を仕上げ帰路に立ちました。きっと、震災のことや亡くなられた方々のことを忘れず心に宿してくれたでしょう。長旅の道中、親子でいろいろなことを話したことは彼らにとってかけがえのない経験になっただろうと思います。直接的に被災していなくても、心を寄せて陸前高田まで来て、羅漢像を制作してくださったことに深く感謝しました。

この頃になると、だんだんと地元の参加者も増えてきました。多くの方が、亡くなった家族や友人や知人の面影を彫っていました。汗を流して石を打ち、今まで抑えてきた気持ちを祈りにかえてくれました。

毎年、九州産業大学造形短期大学部（当時）教授でプロジェクトのコアメンバーでもあり、本の出版委員でもある小田部さんが短大の学生を引率して、夏の授業として五百羅漢像制作プロジェクトに参加してくださいました。九州から東北に心を寄せてくださり、遠路はるばる毎年新幹線を乗り継ぎ来てくれました。学生さんもみんな一生懸命羅漢像を彫って、その上運営の面でも色々とお手伝いもしてくれてありがたかったです。また、高校生が団体で参加もしてくださいました。遠くは北海道や九州からの参加者もありました。こうして年々参加してくださる方々が増えていきました。

参加者の輪

何年か経つと、参加されている方々同士の交流の輪もできてきました。グループセラピーのように、個別の想いをグループでシェアし、支えあう雰囲気がうまれました。最初の頃は、震災のことや遺族のことを他人に話せなかった方々も、毎年同じ顔触れになじみ、真夏の何日かを共に過ごす時間を経て、お互いの気心がわかり交流ができてきました。そのような雰囲気の中で、少しずつ、亡くした家族のことを語り

合い、石をともに打ちながら過ごす時間が増えてきました。特に昼食の時間、みんなで一緒に談笑しながらおかずを分け合い食べる時はとても楽しく、疲れが吹き飛ぶような時間でした。3時になるとご住職ご夫妻からのアイスクリームなどおやつの差し入れもあり、そういう時は皆ノミを置いて休み、暫しの涼をとり談笑し清々しい気持になりました。

最後の年に向けて

2016年までで、羅漢像は450体ほどできました。毎年、参加される方の中には、制作準備も道具の準備も手馴れ、講師の方々を手伝ってくださいました。参加者同士の会話も、講師との会話も、とても和やかでした。

2017年が最後の年になることが見えてきました。参加してくださった方々も、時折羅漢像の数を気にしてくださいました。数だけに意味を持たせたり、数だけを気にしたりするのは本意ではありませんでしたが、現実的には5年間の資金のやりくりや講師の調整、地元の方々へのお願いなど、私のガッツも限界でした。そのために、500体を一区切りと考え、2017年には達成できると予測できたことに正直安堵しました。

ご住職が、羅漢像が500体になると、お寺に寄付された仏像との合計が陸前高田で犠牲になられた方の数1,800人と同じぐらいになると話されていました。それぞれが、それぞれの立場で、五百羅漢の意味を見出していたと思います。

2017年

最後の年。その頃になると陸前高田の五百羅漢は祈りの場としても観光名所としても知られてくるようになっていきました。だんだんと苔むしてきた羅漢像は、穏やかな表情になって訪れる方々を歓迎してくださっていました。祈り

の道はだんだんと出来てきていました。

制作に参加してくださった方が、こんなエピソードをお話ししてくれました。普門寺までの道を知りたくて、陸前高田市役所前の高田幹部交番に入った途端、お巡りさんに、「あなたも五百羅漢ですか？　たくさんの人が来るんだよね」と、先に言われたと、笑っていらっしゃいました。

この5年間で造られた羅漢像の顔をみると、天を向いて、泣き叫んだり、何かを憎んだりしている形相の羅漢像が一つも無いことに気付きました。なぜだろうかと考えました。制作しているときの参加者の方々の表情は、時には悲しそうでありました。しかし、出来上がった羅漢像の表情はみな穏やかでした。穏やかに浄土で過ごしてほしいという皆の祈りなのかもしれません。残された私たちを穏やかな表情で見守ってくれているのかもしれません。

羅漢像が500体に近づくにつれ、私は無事にこのプロジェクトが終了できることを祈りました。一人のけが人も出ずに、参加者の方々の心が癒されて終われることを願いました。最終日には、ご住職のお計らいで、たくさんの和尚様方が集まり、五百羅漢像の開眼法要をしてくださいました。大きな声の読経の中蓮華が撒かれ、ただ眺めている私たちでさえ極楽にいるのではないかと思うほどの荘厳な光景でした。たくさんの和尚様方が五百羅漢像の開眼法要や、亡くなった方のご冥福や鎮魂を祈ってくださったことに心から感謝しました。

また、最終日の午後には、東京からマイク眞木さんが奥様の眞木加奈子さんと陸前高田に来ていただきました。マイクさんの音楽仲間のキーボードの竹野康之さんと、仙台から参加してくださったドラマーの瀬戸恵さんも加わって、普門寺の境内で無料のコンサートをしていただきました。眞木加奈子さんは東京藝術大学

の彫刻家を卒業されているので、彫刻の講師と
しても何回かプロジェクトに参加してください
ました。加奈子さんはフラダンスを皆に教えて
くださり、みんなも一緒に笑顔で踊りました。

　夜には地元のキャピタルホテルでマイクさん
達を交えて参加者の方々と五百羅漢完成会を行
いました。マイクさんたちは、疲れていらっ
しゃったと思いますが、完成会でも素敵な歌声
を披露してくださいました。完成会が和やかで
温かい雰囲気になったのはマイクさんの歌声と
楽しいトークのおかげだと思います。

　完成会には、市長や当時の教育長も参加して
くださいました。その夜はとても和やかなひと
時でした。参加者の方々や、講師の方々と私た
ちメンバーは、この何年間の夏を共に過ごし同
志のような関係になっていたので、569体の羅
漢像の完成の達成感と、この夏でお別れする寂
しさや、亡くなった犠牲者を想う気持ちが入
り混じった不思議な気持ちでした。参加された
方が、「五百羅漢のある場所が心の拠り所とな
り、完成したことで気持ちの区切りがつきまし
た。」「毎年、毎年、石場でおあいする仲間もで
き、年の差も関係なく親交も深まりました。そ
の間に、自分たちの閉じていた気持ちがだんだ
んと開かれていき、穏やかな気持ちになりまし
た。」「あそこに行けば亡くなった家族に会え
る。亡くなった家族もあそこで一人ぼっちでは
なくなったのだと思います。」と話してくださ
いました。

　完成会は私の人生にとって宝石のような時間
でした。次の日の朝、御住職が最後の開眼法要
をしてくださり、片づけをして静かに最後の夏
が終わりました。

五百羅漢像制作プロジェクトを終えて

　プロジェクトの実施期間は5年間でした。参
加者は延べ450人以上でした。参加者の内訳

は、家族を亡くした方、親戚を亡くした方、友
人を亡くした方、被災した方、全国各地から被
災地に心を寄せられた方、医師、心理士、彫刻
家、音楽家、画家などでした。主に芸術家たち
は講師としての参加でした。

　五百羅漢像制作に参加された方々の感想は、
この本を読んでくださるのが一番良いと思い
ますが、ここで少し紹介させていただきます。
「石彫によって心の傷がいやされてゆくのだと
感じた」、「故人をしのぶことができた」、「静寂
の中に響く石を砕く音が心に響き、次第に気持
ちが澄んでいった」、「羅漢が並ぶ境内が心の拠
り所になり、亡くなった皆がここに一緒にいて
くれるという清々しい気持ちになった」などの
記載がありました。

本の出版の意義

　完成会の終わった夜、コアメンバーと私は、
私たちの考えている最後の仕上げについて話し
合いを始めました。それは後世に残す本の出版
と、陸前高田の五百羅漢像の意味を多くの人に
伝える方法を考えることでした。当初、資金繰
りが大変だと考え、電子書籍の出版を考えまし
た。しかし、様々に検討を行った結果、実在
する本を出版することに心を決めました。実在
する本ならば、亡くなられた方の魂そのものに
なるのではないかと考えたからです。本なら抱
きしめることもできる、一緒にお布団にも入れ
る、キスもできる。本ならばいつも一緒にいら
れる、と思ったのです。

　それと同時に、五百羅漢像制作の記録を残す
ことは、社会的にも大きな意味があり、そこま
でがこのプロジェクトの責任であると確信しま
した。

　五百羅漢像は日本の各地で制作されています
が、このプロジェクトは次の点で日本では初め
ての試みでした。

1） 震災の犠牲者のためのグリーフセラピー
　　で行われた制作会であること
2） 震災の犠牲者を追悼する思いで、彫刻家
　　ではなく素人の方々が五百羅漢像を制作
　　したこと
3） 被災を受けたその地で行われたこと

　以上の3つです。過去に日本で制作された
五百羅漢像については、作家達自身の心の軌跡
や、記録はほとんど見当たりません。私たち
は、震災を未来に語り継ぐという意味からも、
この本の出版の重要性を確信しました。

　また、原稿の執筆はセラピーとしての効果も
期待しました。この本のために原稿を寄稿して
くださった方々にとっても、プロジェクトでの
経験が執筆を通し精神的価値へ昇華される作業
だったのではないかと思います。特に羅漢制作
を体験した参加者の方々にとっては、制作中の
体験を言語に表すことで、気持ちを客観的に整
理できる作用もあったと思います。気持ちを言
語に表し落としこむことは、この五百羅漢像制
作を記録すると同時に、また別の精神的な意味
での犠牲者への弔いだともいえます。

　五百羅漢は祈りの場でもありますが、陸前高
田の観光名所となって市内に人がたくさん来る
ようになってほしいと願っていました。そして
それは現実となっていきます。

　私は、人の心身の健康を維持回復するには、
その人の全体要素を総合的に考える必要がある
と考えています。一人ひとりの人の自然に回復
する力・自分を癒す力・生活環境・信仰等のス
ピリチュアルなこと・人間関係・社会生活・医
療・娯楽・食事などの要素が、人の心身の状態
を左右していると考えています。五百羅漢は、
参加された方々、協力をしてくださった方々、
また訪れる方々にとって祈りの場になり、それ
ぞれの心の在り方を再確認する場になっていく

でしょう。そういう時間は人の心身の健康を維
持するために必要なことだと考えています。

感　謝

　この本には本の出版のためのご寄付をくだ
さった方々のお名前しか載せられませんでした
が、プロジェクトを行っていた5年間、様々な
形で、このプロジェクトを支えてくださった
方々、たくさんの心をいろいろな形でいただき
ました。改めて心より感謝申し上げます。あり
がとうございました。

　参加してくださった方々は、一生懸命羅漢像
を造ってくださいました。皆様が少しでも、こ
の石に心を打ち込み、心が癒されたことを願い
ます。これから石が朽ちる数百年間、皆様の心
が表れた羅漢像は、後世に語り継がれていくこ
とになるでしょう。参加してくださって本当に
ありがとうございました。

　陸前高田での生活を支えてくださった鵜浦章
先生をはじめ、現地の皆様、プロジェクトのた
めに陰ひなたにご協力くださりありがとうござ
いました。昼食、夕食の差し入れや真夏の暑い
中アイスコーヒーや氷の差し入れなど、被災者
でありながら一生懸命支えてくださり、心から
感謝いたします。

　彫刻家の吉野先生には最初の年から監修者と
して、羅漢像制作のアドバイスをいただいてお
りました。東京から3度も陸前高田においでく
ださり、最初の年には、本堂で講演会をしてく
ださいました。本当にありがとうございまし
た。

　プロジェクトを支えてくださった講師の皆
様、画家の皆様、芸術家の皆様、言葉に表せな
いほどの感謝をここで述べさせていただきま
す。陸前高田の五百羅漢像は皆様が参加してく
ださらなければ決してできませんでした。心か
らありがとうございます。

普門寺ご住職は、私達の5年にも及ぶ道のり
を支えてくださいました。いつも優しくユーモ
アたっぷりで導いてくださり、人の悪口や陰口
も言わず、その懐の大きさには今更ながら感謝
いたします。これから五百羅漢さんたちをよろ
しくお願いします。

東大寺様からは過分なご支援を頂きました。
深く感謝申し上げます。第221世東大寺別当
（現・東大寺長老）筒井寛昭様には書を書いて
いただきました。その時に私たちメンバーや参
加者は"ドガーン"と大きな力を頂きました。
東大寺華厳宗管長・第223世東大寺別当（現
職）狭川普文様には、寄稿をしていただき、ま
た本の帯を書いていただきました。励ましのお
電話もくださいました。最後まで出版委員の励
みになりました。心よりお礼を申し上げます、
ありがとうございました。

善光寺の白蓮坊のご住職の若麻績敏隆様は、
本の出版に関し最初から最後まで誠意をもって
快くご協力くださいました。ありがとうござい
ました。

また、出版に関して多大なるご協力をくださ
いました大城章二様には心から感謝いたしま
す。大城様のご協力なしにはこの本の出版は実
現いたしませんでした。

本文中に寄稿をいただきました方々につきま
しては、ぜひその文章をお読みください。改め
て五百羅漢プロジェクトへのご協力とご尽力に
心から感謝いたします。

心の支え

2010年暮れに米国から帰国した私は、2012
年に陸前高田に赴任しましたが、日本での臨床
の経験が余りありませんでした。当時、陸前高
田の多くの方々が心に深い悲しみを持った状態
でしたので、私一人では抱えきれないケースを
相談するために、当時、福島県立医科大学精神

医学分野の教授でいらした丹羽真一先生（現・
福島県立医科大学名誉教授、会津医療センター
特任教授）にスーパーバイザーになっていただ
きました。

今思うと、先生は福島のことで、とてもお忙
しかったと思います。私自身がとても悲しくて
つらく、抱えきれないケースの相談をしていた
時には涙がこぼれました。泣きながらケースの
相談を先生に電話した時も、いつも話を聞いて
くださり、適切なアドバイスをくださり励まし
てくださいました。

丹羽先生がいつも、私の心のそばにいてくだ
さらなければ、陸前高田で働きつづけられる精
神力はなかったと思います。今思うと、私が何
かできたのではなく、丹羽先生が私の心を支
え、陸前高田の皆様を支えてくださったのだと
思います。また、本の出版に関してもご指導を
いただきたくさんのお力を賜りました。心から
感謝いたします。先生が、私を信じてくれたか
ら、私はがんばれました。

そして、今　私は、陸前高田を信じて
います。

出版ご協力者　御芳名

阿部裕美（岩手県）
荒井涼子（東京都）
飯田和行（千葉県）
池田眞有美（神奈川県）
石川麻（東京都）
石木幹人（岩手県）
伊藤明彦（岩手県）
伊藤清子（岩手県）
井上博樹（福岡県）
鵜浦章（岩手県）
鵜浦淳子（岩手県）
鵜浦美知子（東京都）
内山信弘（兵庫県）
回向院 本多将敬（東京都）
雲洞院 小松啓祐（宮城県）
円通寺 上村陸巳（岩手県）
遠藤晃子（千葉県）
及川靖（東京都）
大城章二（東京都）
大貫智子（神奈川県）
大和田弘樹（岩手県）
尾形満歳（福岡県）
岡本啓子（岩手県）
長壽寺（岩手県）
小沢アヤ子（岩手県）
小野隆（東京都）
小野田秀貴（山形県）
小野万理子（神奈川県）
オフィスさとう（秋田県）
小美野真知子（東京都）
柏倉美知子（千葉県）
加藤里子（茨城県）
上遠野敏（北海道）
神庭信幸（千葉県）
亀田淑子（埼玉県）
河崎佳織（神奈川県）
河村泰尚（東京都）
河村祐子（東京都）
菅野美保子（岩手県）
菅野義則（岩手県）
観林寺 高橋哲秋（岩手県）
黄川田尚子（岩手県）
菊池喜清（岩手県）
北村さゆり（東京都）
吉祥寺（岩手県）
金昭男（岩手県）
金野彰（岩手県）
金野輝夫（岩手県）
金野ヨシ子（岩手県）
黒田恵美子（東京都）
広全寺 佐藤一成（岩手県）
光福寺 三村契一（山梨県）
華厳宗大本山 東大寺（奈良県）
光明寺　佐藤浩昭（岩手県）

小杉有子（神奈川県）
小田部黄太（福岡県）
小沼暁久（茨城県）
小林晃一（埼玉県）
五百らかんバッハの会（広島県）
五味渕一彦（栃木県）
㈱コンフォートダイナー 竹井倫世（宮崎県）
齋藤賢隆（福井県）
早乙女智子（神奈川県）
坂口幸嘉子（岩手県）
坂田亜紀子（東京都）
佐久間寛之（新潟県）
佐久間みのり（新潟県）
佐々木秀夫（宮城県）
佐藤文子（神奈川県）
佐藤悦成（愛知県）
佐藤和子（岩手県）
佐藤善次郎（岩手県）
佐藤保（東京都）
佐藤惣司（岩手県）
佐藤祐子（神奈川県）
地蔵院（岩手県）
下森久仁子（北海道）
下森孝俊（北海道）
正覚寺 亀子俊英（熊本県）
松應寺（東京都）
少林寺 鈴木祐孝（山形県）
新宮古都美（山形県）
新宮郁子（山形県）
菅原祥子（岩手県）
菅原由紀枝（岩手県）
鈴木和枝（岩手県）
鈴木正子（岩手県）
砂村豊子（東京都）
坐間昌代（北海道）
関孝行（神奈川県）
瀬戸恵（宮城県）
瀬戸萌（宮城県）
千手寺 三浦修悦（岩手県）
善光寺（長野県）
大興寺（岩手県）
高田厚（広島県）
高橋郁夫（千葉県）
田部裕美（東京都）
千葉喬（静岡県）
長國寺 小島泰道（岐阜県）
長泉寺（岩手県）
長徳寺 酒井大岳（群馬県）
辻村英俊（神奈川県）
津田彰（福岡県）
傳法なをみ（北海道）
貞麟寺 海野喜充（長野県）
手塚哲（千葉県）
手塚千鶴子（東京都）

戸羽太（岩手県）
中川玲子（神奈川県）
中里信和（宮城県）
中里千代子（宮城県）
中濱慶子（東京都）
永山裕子（東京都）
西川まゆみ（奈良県）
蜷川聡子（東京都）
蜷川好子（埼玉県）
日本基督教団 横浜上原教会（神奈川県）
丹羽真一（福島県）
延山友裂（宮城県）
白蓮坊 若麻績敏隆（長野県）
バイマーヤンジン（大阪府）
長谷川節子（岩手県）
蜂谷和郎（千葉県）
蜂谷克己（北海道）
原田結為子（愛知県）
久門裕子（福岡県）
美谷島健（長野県）
平井一嘉（埼玉県）
平本謙一郎（岩手県）
廣養寺（岩手県）
藤川真由美（岩手県）
藤田さかえ（神奈川県）
藤野くに子（神奈川県）
藤原孝子（東京都）
堀江孝（東京都）
松井真理（京都府）
松井道宜（京都府）
松崎みき子（岩手県）
松下幸生（神奈川県）
松田重仁（東京都）
松本香（京都府）
衛守和佳子（神奈川県）
水本淑子（東京都）
宮原万里子（東京都）
宮川典子（埼玉県）
村上富夫（岩手県）
毛利宣裕（神奈川県）
毛利奉信（北海道）
毛利みどり（北海道）
母袋京子（長野県）
籔内佐斗司（東京都）
山田市雄（岩手県）
吉田道子（神奈川県）
吉田由美子（千葉県）
吉野毅（東京都）
吉村明仁（千葉県）
依田康子（神奈川県）
渡辺嘉志（神奈川県）
渡邉紳二（東京都）
渡邉たまえ（東京都）
渡辺政志（千葉県）
横山芳枝（東京都）

他　匿名の方々

（五十音順　敬称略）

出版にご協力いただきました皆様、ならびに「未来への記憶」プロジェクトにご協力いただきましたすべての皆様に、心より感謝申し上げます。

監修者・編者略歴

[監修]

佐藤　文子（さとう　あやこ）
心理学博士（米国）・アートセラピスト（米国）・臨床心理士
多摩美術大学大学院彫刻科修士課程修了
アンティオック大学シアトル校大学院修了（メンタルヘルスカウンセリング修士及び、芸術療法修士）
アンティオック大学シアトル校博士課程　博士号取得（臨床心理学　子どもと家族専門）
2012年1月～2016年3月陸前高田市緊急支援カウンセラー
Green Lake カウンセリング＆アートセラピー　代表

小田部　黄太（こたべ　こうた）
東京藝術大学美術学部彫刻科卒
九州産業大学造形短期大学部教授・学長

若麻績　敏隆（わかおみ　としたか）
東京藝術大学大学院美術研究科日本画専攻修士課程修了
大正大学大学院文学研究科仏教学コース修士課程修了
善光寺白蓮坊住職

熊谷　光洋（くまがい　こうよう）
駒澤大学大学院人文科学研究科仏教学修士課程修了
陸前高田市　普門寺住職

[編集]

佐藤　保（さとう　たもつ）
東京造形大学造形学部美術学科Ⅱ類卒
株式会社サンリオエンターテイメント環境統括部部長

鈴木　祐孝（すずき　ゆうこう）
駒澤大学大学院人文科学研究科仏教学博士課程満期修了
山形県　少林寺住職（曹洞宗）

東日本大震災　陸前高田 五百羅漢の記録

2021年2月22日　初版第1刷発行

監　　修　佐藤文子，小田部黄太，若麻績敏隆，熊谷光洋
発 行 者　石澤雄司
発 行 所　株式会社星和書店
　　　　　〒168-0074　東京都杉並区上高井戸1-2-5
　　　　　電話　03（3329）0031（営業部）／03（3329）0033（編集部）
　　　　　FAX　03（5374）7186（営業部）／03（5374）7185（編集部）
　　　　　http://www.seiwa-pb.co.jp
印刷・製本　株式会社光邦